一本富有智慧和挑战的风靡全世界的奇书

Big Book of

聪明人都在玩的

逻辑思维游戏

[美] 伊凡·莫斯科维奇/著
宋彬彬　周　韦/译

Brain

全世界聪明人
都在做的
1000个烧脑游戏

Games

中华工商联合出版社

图书在版编目（CIP）数据

聪明人都在玩的逻辑思维游戏 / （美） 伊凡 • 莫斯科维奇著； 宋彬彬， 周韦译. -- 北京 : 中华工商联合出版社，2022.5

书名原文 : Big Book of Brain Games

ISBN 978-7-5158-2585-4

Ⅰ. ①聪… Ⅱ. ①伊… ②宋… ③周… Ⅲ. ①智力游戏—青少年读物 Ⅳ. ①G898.2

中国版本图书馆CIP数据核字（2020）第071047号

聪明人都在玩的逻辑思维游戏

作　　者：[美]伊凡•莫斯科维奇
译　　者：宋彬彬 周　韦
出 品 人：李　梁
责任编辑：吴建新 关山美
封面设计：北京聚佰艺文化传播有限公司
责任审读：于建廷
责任印制：迈致红
出版发行：中华工商联合出版社有限责任公司
印　　制：北京毅峰迅捷印刷有限公司
版　　次：2022年8月第1版
印　　次：2022年8月第1次印刷
开　　本：880mm×1230mm 1/32
字　　数：100千字
印　　张：7.375
书　　号：ISBN 978-7-5158-2585-4
定　　价：49.80元

服务热线：010－58301130-0（前台）
销售热线：010－58301132（发行部）
010－58302977（网络部）
010－58302837（馆配部）
010－58302813（团购部）
地址邮编：北京市西城区西环广场 A 座
19—20 层，100044
http://www.chgslcbs.cn
投稿热线：010－58302907（总编室）
投稿邮箱：1621239583@qq.com

目录

CONTENTS

10

逻辑和概率

634

难度：●●●●●●●●●●
要求：
完成：☐ 时间：______

三人的职位

格里、安尼塔和罗斯在一个公司分别任主席、董事长和秘书的职位，但不知谁的职位是什么。现在只知道，秘书是独生子女，挣钱最少。而罗斯与格里的兄弟结了婚，挣的钱比董事长多。

根据这些条件，你能说出他们分别任哪个职位吗？

635

难度：●●●●●●●●●●
要求：
完成：☐ 时间：______

鹦鹉

M 太太想买一只会说话的鹦鹉来陪她。“这只鹦鹉会说话吗？”M 太太问宠物店老板。

老板回答得很肯定。“这只鹦鹉会重复他听到的每一句话。”

于是 M 太太相信了，把鹦鹉买回家。但训练了几个月后，鹦鹉还是没有说过一句话。

老板是不是在撒谎？

636

难度：●●●●●●○○○○
要求：
完成：□ 时间：________

逻辑顺序

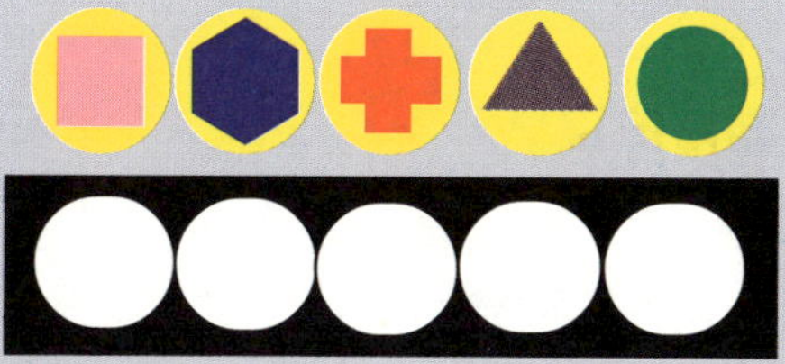

下面一排遮住的图形与上面一排顺序不同，但遵循以下规则：

十字形和圆都不和六边形相邻；

十字形和圆都不和三角形相邻；

圆和六边形都不和正方形相邻；

正方形的右边是三角形。

你能找出它们的顺序吗？

637

难度：●●●●●○○○○○
要求：
完成：□ 时间：________

女孩还是男孩

史密斯夫妇有两个孩子，其中至少有一个是女孩。他们的另一个孩子是女孩的概率是多少？

638

难度：●●○○○○○○○○
要求：◉
完成：□ 时间：________

朝南的窗

你能不能造一间房子，四面墙上都有窗子，而且窗子都朝南？

639

难度：●●●○○○○○○○
要求：◉
完成：□ 时间：________

GHOTI

下面的单词看上去很怪，但它可以读作一个普通的英语单词。把“gh”读成“tough”中的那样，把“o”读成“women”中的那样，把“ti”读成“emotion”中的那样。

那这个“ghoti”听上去应该是哪个词？

GHOTI

640

难度：●●●●●●○○○○
要求：👁
完成：□ 时间：________

正方体的颜色

图中从四个角度画出了同一个正方体。你能说出最下面的那个正方体背面的颜色吗？

641

难度：●●●○○○○○○○
要求：👁
完成：□ 时间：________

婚姻

很多年以前，一个人娶了他的寡妇的姐姐。这是怎么回事？

642

难度：●●●●○○○○○○
要求：👁
完成：□ 时间：________

奇特的结账

一个人在一家豪华餐馆就餐。上菜后，他朝菜看了看，便把这张纸条交给服务员后离开了。服务员把纸条交给收银员，收银员读懂了这张纸条，并把它登记入账。

你知道纸条上写了什么吗？

643

难度：●●●●●●●●●○
要求：👁
完成：□ 时间：________

互看的鸟

许多鸟随机停在一根电线上，每一只都看着离它最近的一只鸟。不计电线两端的两只鸟，有百分之几的鸟没有被看着？

644

难度：●●●○○○○○○○
要求：👁
完成：☐ 时间：________

说真话的人

这三个孩子不是一直说真话就是一直说假话。你能分辨吗？

（图中：从左到右：我在说真话。他说他在说真话。他没有说真话。）

645

难度：●○○○○○○○○○
要求：👁
完成：☐ 时间：________

赛马

一个老人立下遗嘱，让他的两个继承人赛马，输的人得到全部遗产。赛马在约定的时间开始了，可两人都在想方设法不让马先通过终点。为了打破僵局，裁判对规则作了一个小小的改动。根据裁判的主意，两人又开始比赛，先到达的得到了遗产。

如果所有人都在按规则做，那么这到底是怎么回事？

646

难度：●●●●●●●●●●

要求：👁 ✎

完成：☐ 时间：________

英文单词游戏

在这个经典的单词游戏里，两个游戏者各画一个小人。他们各自想出一个有 6 个字母的单词，然后给对方划上和自己想的单词的字母数相等的横线。

游戏者每次都说出一个字母。如果说出的字母在对方出的单词里，就把它填到相应的位置（如果字母在单词里出现不止一次，那么就全部写上）；如果没有这个字母，就给画中小人添上一笔。如果一个人说了 7 个不正确的字母，他就失败了。

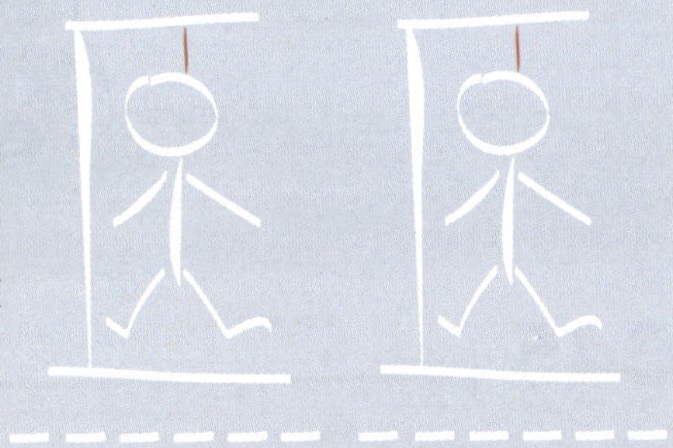

647

难度：●●●●●●●●●●

要求：👁 ✎

完成：☐ 时间：________

摸彩球

容器里有 20 个红球和 30 个蓝球。如果你闭上眼睛摸出一个球，那么它是红球的概率是多少？

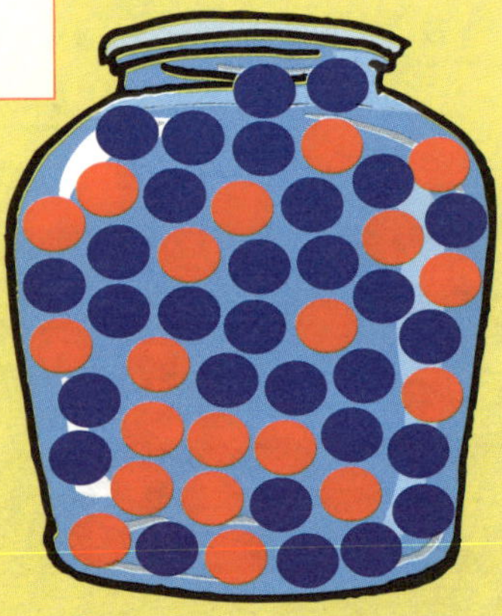

648

难度：●●●●○○○○○○
要求：👁 ✎
完成：☐ 时间：________

方形字母表

下图的正方形包含了上图表示的信息。你能破译它们吗？

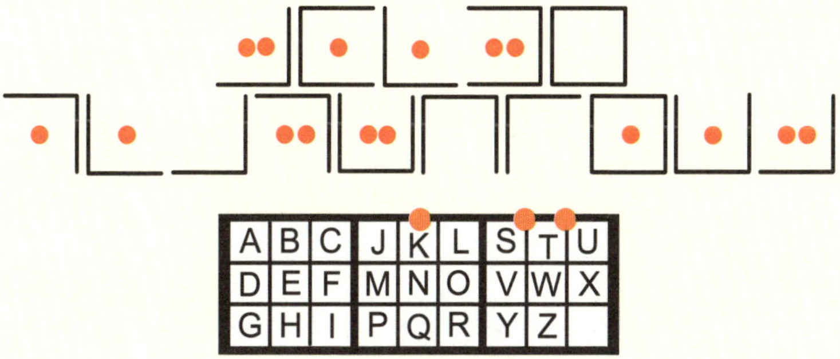

649

难度：●●●●●○○○○○
要求：👁 ✎
完成：☐ 时间：________

选帽子

6个人在剧院寄存处寄放了他们的帽子，但服务员把它们的顺序搞混了。

如果现在有人跟你打赌，说至少有一个人能拿到他自己的帽子。这个赌你打吗？

650

难度：●●●●●●●●●●
要求：👁 ✎
完成：☐ 时间：________

一列骰子

你能把骰子背面的数字之和求出来吗？

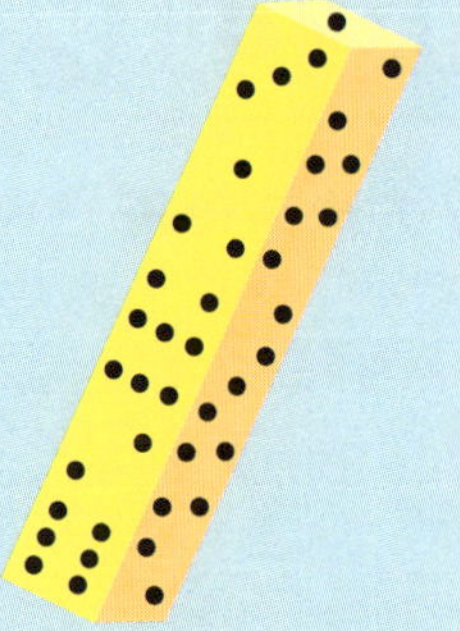

651

难度：●●●●●●●●●●
要求：👁 ✎
完成：☐ 时间：________

概率机

16 个球放在顶部，根据概率，它们会有几个落到底部每个格子里？

这个游戏来自由 19 世纪的弗朗西斯·高尔顿所设计的著名的概率机。可以预测球的分布情况。虽然一个随机事件的结果不能确定，但一系列随机事件一般都符合概率规则。看到答案就会让你感觉到这个装置的作用。

652

难度：●●●●○○○○○○
要求：
完成：□ 时间：________

搏斗的概率

在一个 VR 游戏中，你得和一条大雷龙或三条小剑龙搏斗。

战胜一条雷龙的概率是 1/7，战胜一条剑龙的概率是 1/2。你会选谁作为对手？

653

难度：●●○○○○○○○○
要求：
完成：□ 时间：________

炮弹打出的避难所

在一场激战中，有个水手把脑袋放到船上被敌人的炮弹炸出的一个洞里——他的理论是敌人的炮弹再次打在这里的概率非常小。他的理由对吗？

654 难度：●●●●●●●●●●● 要求：👁 ✏ 完成：□ 时间：________

饥饿的瓢虫

一只饥饿的瓢虫要吃掉它绕着花所见的每第 13 只虫子。如果那是一只蚜虫，它就很满足；如果是一只黄蜂，它就要被蜇了。

从哪只蚜虫开始，它可以吃光所有的 13 只蚜虫？

655 难度：●●●●●●●●●● 要求：👁 ✎ 完成：□ 时间：________

星际服务！

在梦里，我的工作是一名星际服务员，把乘客从太空站送上航天飞机。我的飞行器每次可以乘两个人：我和一名乘客。而且，在最后一个乘客到达航天飞机前，先到的乘客都得待在航天飞机的密封仓里。

有三名乘客等着我送：一个参宿七星人、一个天津四星人，还有一个长相怪异的四条腿的外星人，叫做特里斯特拉人。状况出现了：首先，参宿七星和天津四星正在打仗，所以把他们一起留在密封仓里将引起星际矛盾。而且参宿七星人不像素食的，天津四星人是食肉物种，如果把他单独和特里斯特拉人留在一起，不出一秒他就会把这可怜的小生物吞了。

我终于想出一种避免发生冲突的办法，把他们都平安地送到航天飞机。一个乘客可能得跟我来回不止一次，但最终他们都是安全的。你知道我是怎么干的吗？

656

难度：●●●●●●●●●●
要求：👁
完成：□ 时间：________

喜欢和不喜欢

他们在讨论喜欢和不喜欢的食物。你能推断出他们的名字和各自喜欢的食物吗？

1 2 3 4

图中从左到右，安尼塔（女）喜欢吃鱼。我喜欢蛋糕，但我不叫吉瑞（男）。有个男孩喜欢吃鸡。吉尔（女）喜欢沙拉，但我不喜欢。有个男孩叫伊凡。

657

难度：●●●●●●●●●●
要求：👁 ✎
完成：□ 时间：________

三个硬币的问题

假设你有 3 个硬币，一个一面正面一面反面，一个两面都是正面，一个两面都是反面。它们放在同一个口袋里。如果你从中取出一个放到桌子上，不去看它，那么它两面相同的概率是多少？

658

难度：●●●●●○○○○○

要求：👁 ✎

完成：□ 时间：________

方块填字

方块填字游戏是把字母填进正方形的方格，使其竖列和横行的单词都一样。

你能把这4×4的正方形填满吗？

659

难度：●●●●○○○○○○

要求：👁

完成：□ 时间：________

祝福语

两块透明的圆盘上各有一句祝福语的一半。请把它们叠起来，拼出这句话。

660

难度：●●●●●●●○○○
要求：👁 ✎
完成：□ 时间：________

中空的立方体 1

假设你能透过立方体的面看到其底部的 8×8 块彩色小方格。但每次你只能看到这些小方格的一部分。因为图案有一些对称的地方，所以可以从图中推知图案的全部。

你能推理出整个图案吗？

661

难度：●○○○○○○○○○
要求：👁
完成：□ 时间：________

轮盘赌

用什么办法肯定能在轮盘赌中获胜？

662

难度：●●●●○○○○○○
要求：👁 ✎
完成：□ 时间：________

猜谜

你能完成下面两个猜谜吗？

ME JUST YOU

TIMING TIM ING

663

难度：●●●●●●●●○○
要求：👁 ✎
完成：□ 时间：________

中空的立方体 2

假设你能透过立方体的面看到其底部的6×6块彩色小方格。每次你只能看到这些小方格的一部分。你能把你看到的东西拼成一幅图案吗？

664

难度：●●●●●○○○○○
要求：
完成：□ 时间：________

打弹子

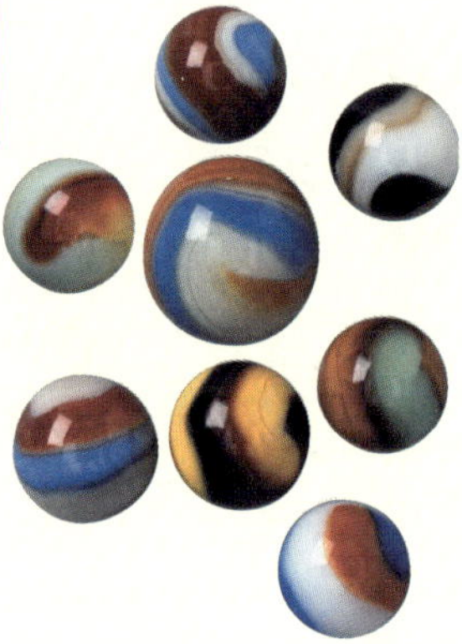

彼得和保罗都擅长用弹子打中目标。如果彼得有两粒弹子而保罗只有一粒，那么彼得获胜的概率是多少？

665

难度：●●●●●○○○○○
要求：
完成：□ 时间：________

三处错误

在下面这个字条里有三处错误。你能把它们指出来吗？

What are the tree mistake in this sentence ?

666

难度：●○○○○○○○○○
要求：
完成：□ 时间：________

排列字母成单词

字母N、A、G、R、E可以组成两个有意义的单词。是哪两个？

667

难度：●●●●●●○○○○
要求：
完成：□ 时间：________

神秘单词

字母方阵里藏了一个神秘单词。你能发现它吗？

R	V	E	O	V	C
S	I	O	V	R	D
V	E	R	C	V	O
R	O	V	E	S	E
E	R	S	C	R	I
C	E	R	E	O	R

668

难度：●●●●●●○○○○
要求：
完成：□ 时间：________

世界真小

如果要你从全世界几十亿人中找出两个人，并指出他们的关系链（比如一人是另一人的朋友的朋友的朋友等），那么平均有多少人会被包括在这条链中？

669

难度：●●●●●●○○○○
要求：👁 ✎
完成：☐ 时间：________

赢骰子

两个囚犯掷骰子度过余生。他们每人都有一个磨损得很厉害的骰子，都只有三个面上的点数能看得出来。如图所示。

如果谁掷得的点数最大，谁就获胜，那么，要是游戏一直进行下去，最后谁会赢呢？

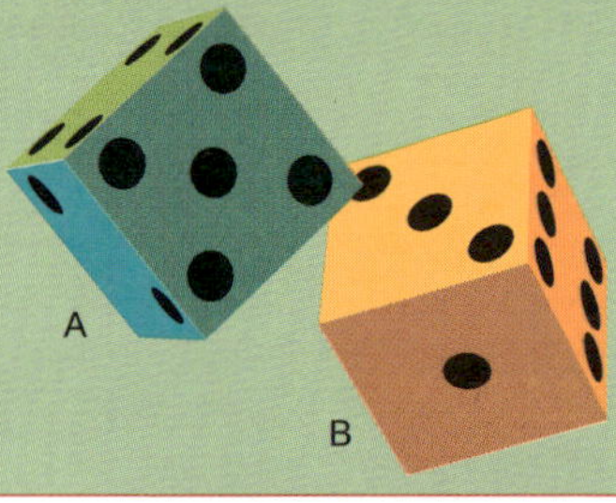

670

难度：●●●●○○○○○○
要求：👁 ✎
完成：☐ 时间：________

与众不同的图形

5 组互相重叠的三角形、长方形和椭圆形画在图中。你能说出哪个与众不同吗？

671

难度：●●●●●○○○○○
要求：👁
完成：□ 时间：________

疯狂外星人

24 个外星人在地球着陆。他们的长相都一样，只是头发、眼睛、鼻子和嘴的颜色不同，区别在于 4 种颜色的不同组合。

每个外星人代表一个字母，按照一定顺序，他们能组成一条消息。根据图中的颜色顺序，你能读出这条重要消息吗？

（图注：从左到右：头发 眼睛 鼻子 嘴巴）

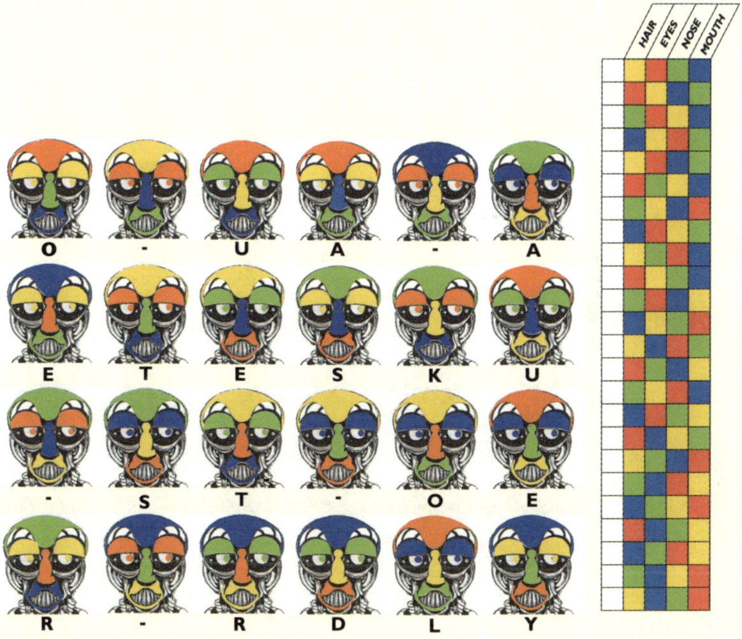

672

难度：●○○○○○○○○○
要求：◉
完成：☐ 时间：________

数正方形

老师举起一张纸，问学生上面一共有多少正方形。他们说出了正确答案“6 个”。

老师再一次举起这张纸，问学生上面共有多少正方形。“8 个，”他们答道。这回他们又答对了。那么这张纸上到底有多少正方形？6 个还是 8 个？

673

难度：●●●●●○○○○○
要求：◉
完成：☐ 时间：________

正确的论断

这三个论断中哪个是正确的？

1. 这里错误的论断有一个。
2. 这里错误的论断有两个。
3. 这里错误的论断有三个。

674

难度：●●●●●○○○○○
要求：◉
完成：☐ 时间：________

穿越隧道

蒸汽机车里，3 人坐在开着的窗边。火车通过隧道时，煤烟灰把他们的脸都弄脏了，他们看见对方的脸后都大笑起来。这时，其中一个人停止了笑，因为他意识到自己的脸也弄脏了。

他是怎么推理的？

675

难度：●●●●●●○○○○
要求：
完成：□ 时间：________

图案的逻辑规律

图中每一种符号都代表一个数。除了一列以外，其余每行和每列的和已经给出。你能从中得出每个符号所代表的数吗？

676

难度：●●●●●●●○○○
要求：
完成：□ 时间：________

袋中取球

一个布袋里装了一只红球或者一只蓝球。现在再放进一只红球，布袋里就有了两只球。

现在你从中取出一只球，它是红色的。那么你能算出剩下的球也是红球的概率吗？

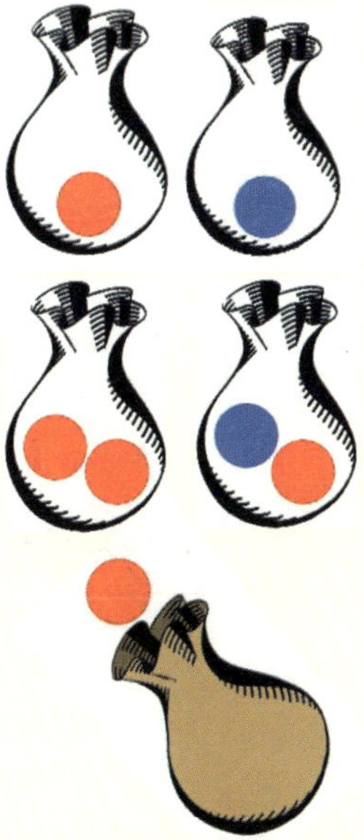

677

难度：●●●●●●●○○○
要求：👁 ✎
完成：☐ 时间：________

洗牌

用 4 张牌玩这个游戏，其中两张有红色图案，两张有蓝色图案，而它们的背面都是空白的。

把它们打乱顺序后背面朝上放在桌上。然后，闭上眼睛翻开两张牌，它们颜色相同的概率是多少？

一个人说概率为 2/3：有 3 种可能——两张都是蓝的、两张都是红的或一张蓝的一张红的。

678

难度：●●●●●●●●●○
要求：👁 ✎
完成：☐ 时间：________

牛仔决斗

牛仔阿莫斯、巴奇和考蒂之间有深仇大恨，不得不以手枪决斗了结。三个牛仔抽签决定决斗顺序，并约定他们每人开一枪，直到只剩一个人活着。

阿莫斯和巴奇都是百发百中的神枪手，但考蒂打中的概率只有 50%。从这些条件中，你能推理出谁最可能活下来吗？

679

难度：●●●●●●●○○○
要求：👁 ✎
完成：□ 时间：________

最后一个活着的人

假设你是古罗马的国王，处决 36 个囚犯，让他们被角斗场里的狮子吃掉。狮子每天吃 6 个人，而囚犯中恰有 6 个人你恨之入骨，但你又想表现得公正无私。

古罗马的一个传统的处决犯人的办法是第十人处决法：让犯人排队并从一数到十，处决每第十个犯人。如果你让那些囚犯围成圈，如何安排这 6 个人的位置，使他们都在第一天被狮子吃掉？

680

难度：●●●●●●●●●●
要求：👁 ✎
完成：□ 时间：________

投硬币 1

你的一个朋友投硬币 200 次，并记下每一次的结果。当他把结果告诉你后，你想知道他是否真的投了硬币。

你通过什么办法检验呢？

681

难度：●●●●○○○○○○
要求：👁 ✎
完成：□ 时间：________

投硬币 2

投两枚硬币共有几种可能的结果？

682

难度：●●●●●●●●●●
要求：
完成：□ 时间：________

一个单词

你能把两个单词拼成一个新单词吗？

N	E	W		D	O	O	R

683

难度：●●●●●●●●●●
要求：
完成：□ 时间：________

奇数还是偶数

“机会偏爱有准备的头脑”，让我们来看看你是不是准备好了。

随机投两个骰子，其点数和为偶数的概率是多少？

684

难度：●●●●●●●○○○
要求：👁 ✎
完成：☐ 时间：________

掷“六”

很多游戏中，要开始得先掷得 6。往往无法一次就掷得 6，所以只能连着掷几次，直到出现一个 6。

如果要能保证以 50% 以上的概率掷得 6，那第一轮得让你掷几次？

685

难度：●●●●●○○○○○
要求：👁 ✎
完成：☐ 时间：________

生日问题

在一个宴会上，你想找两个生日相同的人，要求同月同日，但不一定要同年。如果你不知道客人们的生日，那么你要叫多少个客人，才能使他们中至少有两个人生日相同的概率大于 0.5？要请多少个客人才能基本保证有两个人生日相同？

686

难度：●●●●○○○○○○
要求：
完成：☐ 时间：________

颜色单词

单词对观察的影响有多大？请读出图中四行彩色的字，但不要读单词，只读单词的颜色。

你能一口气说出 5 个，一个也不错吗？

RED YELLOW BLUE GREEN
YELLOW BLUE GREEN RED
GREEN RED YELLOW BLUE
BLUE GREEN RED YELLOW

687

难度：●●●●●●●○○○
要求：
完成：☐ 时间：________

掷两个“六”

如果让你掷 24 次得到一个双六，你觉得可能性大于 50% 吗？

688

难度：●●●●●●●●●●
要求：👁
完成：☐ 时间：________

游戏表演

假设你被选中参加一个游戏表演，有机会赢到一辆昂贵的新汽车。三扇门中有一扇后面是汽车，其他两扇后面是两只猴子。

你选中一扇门，然后主持人在剩下的两扇中打开一扇，跳出一只猴子。这时主持人问你是不是要改选。你应该怎么办，是选另一扇门还是坚持选原来的那扇？

689

难度：●●●●●●●●●●
要求：👁
完成：☐ 时间：________

箭头游戏

这是一个箭头游戏。当你明白它的玩法后，你会发现一个人名。

690

难度：●●●●●●●●●●

要求：👁 ✎

完成：☐ 时间：________

三硬币组

图中画了 8 个可能的三硬币组。玩一个简单游戏，并打个赌：让你随便选一组硬币，我选另一组，然后掷另外一枚硬币，直到出现我们中某一人所选的顺序。

如果你还犹豫不决，那我再给你点甜头：如果你赢，我就给你 3 美元；如果我赢，你只要给我 2 美元。

怎么样，玩不玩？你赢的概率是多少？

（图中 T 表示反面，H 表示正面）

11

拓扑

691

难度：●●●○○○○○○○
要求：👁 ✎
完成：□ 时间：________

摆动的点 1

每一个人都可以把 19 个点连成一条闭合回路。图中的路径弯曲了 17 次。你能再找一条弯曲 17 次的路径吗？

692

难度：●●●●○○○○○○
要求：👁
完成：□ 时间：________

等价拓扑 1

标有 a、b 和 c 的图案各自拓扑等价变形为下边 9 个图中的一个。你能把它们找出来吗？

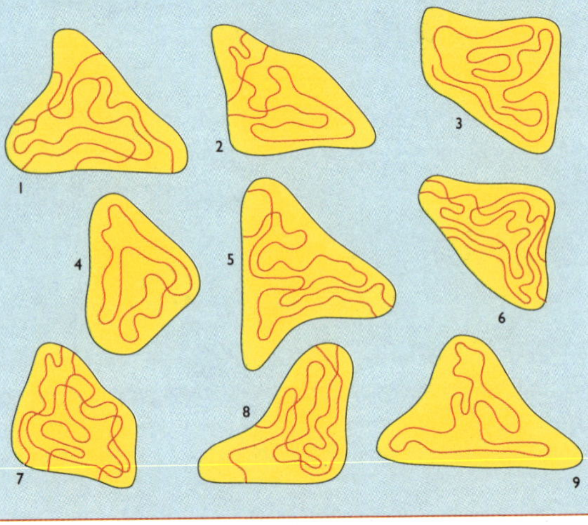

693

难度：●●●○○○○○○○
要求：👁
完成：□ 时间：________

拾木棍 2

每根木棍都只能在它上面没有其他木棍时才能被拾起来。拾起这 20 根木棍的顺序是什么？其中有多少种不同的长度？

694

难度：●●●●○○○○○○
要求：👁 ✎ 📄 ✂
完成：□ 时间：________

不可能的折叠

切 3 刀，折 1 次，能把这张硬纸板变成三维物体吗？

695 难度：●●●●●●○○○○ 要求：👁 ✎ 完成：☐ 时间：________

地图着色 1

你能用 4 种颜色给这幅地图着色吗？可以两个人玩这个游戏。

第一个人从 4 种颜色中选一种给某一区域着色，第二个人从与之相邻的一个区域开始。两人都得遵循这条规则：任意两个相邻区域不能用同一颜色。最后一个着色的人获胜。

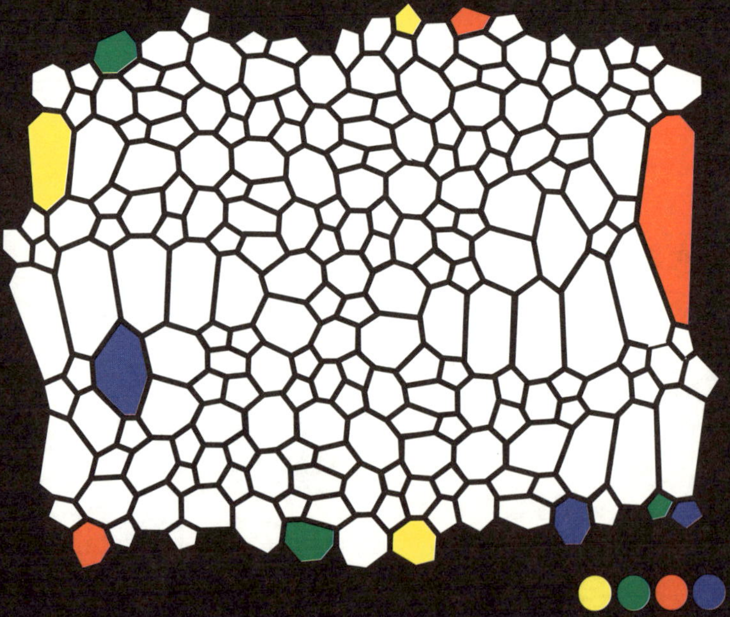

696 难度：●●●●●○○○○○ 要求：👁 完成：□ 时间：________

拓扑等价 2

如图所示，假设这些图形是由珠子和橡皮筋穿成。你能说出哪些是拓扑等价的吗？

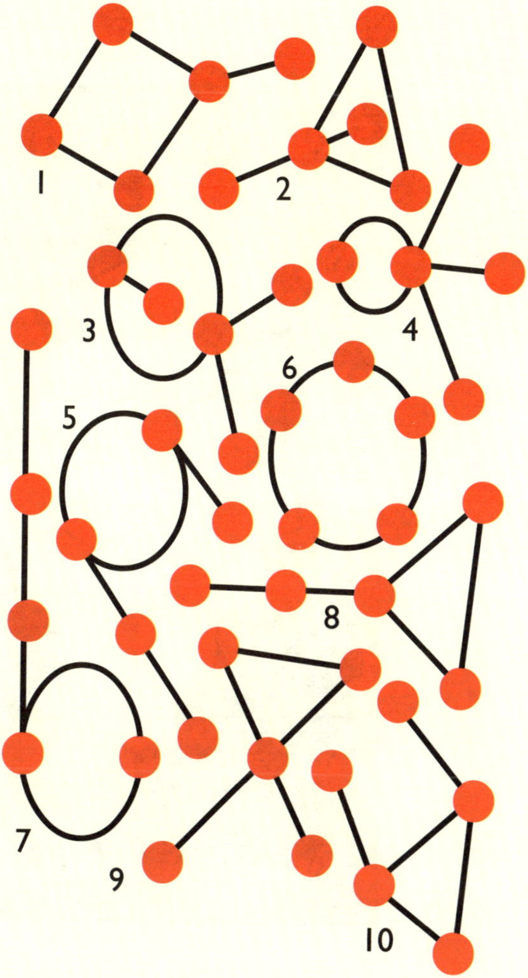

697

难度：●●●●●●●●●●
要求：
完成：□ 时间：________

四色蜂窝

复制并剪下这 16 个彩色六边形，然后把它们放到桌上。第一个人先取出一个放进蜂窝的格子。然后两人依次放六边形，每一个都不能和与之相邻的六边形同色，如果放在边缘，则也不能和蜂窝外侧与之相邻的色块同色。最后一个放进六边形的人获胜。

698

难度：●●●●●●●●●●
要求：👁 ✎
完成：□ 时间：________

图案着色

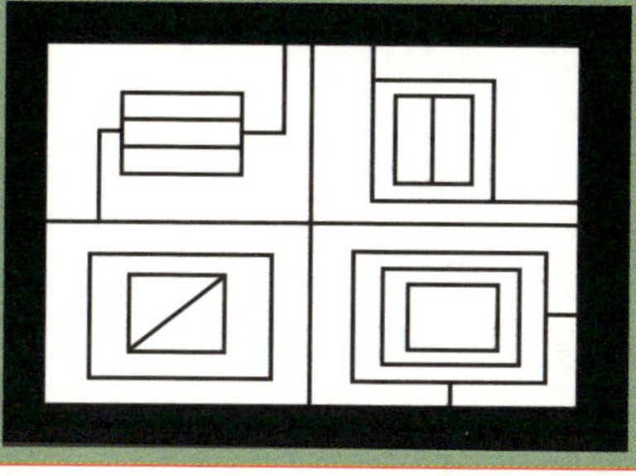

假如你要给这幅图的每一个部分涂上颜色，相邻的两部分颜色不同，那么你最少要用多少种颜色？

699

难度：●●●●●●●●●●
要求：👁 ✎
完成：□ 时间：________

地图着色 2

你能用最少的颜色给这些地图着色吗？同样的颜色不能用在有边接壤的两个区域，但可以用在只有公共点而没有公共边的两个区域。

700

难度：●●●●●●●●●●
要求：👁
完成：□ 时间：________

多边形项链

这条项链是由 8 个多边形的环串成的。你能说出它们的排列顺序吗？

701

难度：●●●●●●●●●●
要求：👁 ✎
完成：□ 时间：________

重叠的卡片

8 张颜色不同的卡片叠放成图中的两幅图案。每一幅的叠放顺序是什么样的？从顶部开始。

702

难度：●●●●●●●●●●
要求：👁 ✎
完成：□ 时间：________

一行四点的游戏

可以 4 个人一起玩这个策略游戏。每人选一种颜色，拿 10 个这种颜色的筹码。然后每人依次把筹码放进圆圈，每次一个。当所有的筹码都放好后，每人轮流把他的一个筹码移动到邻近的圆圈中。如果移动后四个点连成的一条直线上，一个人的筹码数比其他人的多，那么他就能把其他人的筹码取走。

如果一个人最早把他的 4 个筹码连成一直线，他就获得胜利。

703 | 难度：●●●●●●●●●● 要求：👁 ✎ 完成：☐ 时间：________

移居火星

假设有11个国家都在火星上划了领地，每个国家一块且都要求把火星地图上其领地的颜色涂成和其地球地图上一样的颜色。

每个国家地球上的位置和火星上的位置都用相同的数字标出。那么你要用几种颜色才能把这些国家区分开来，并且符合他们对应领地颜色相同的要求？

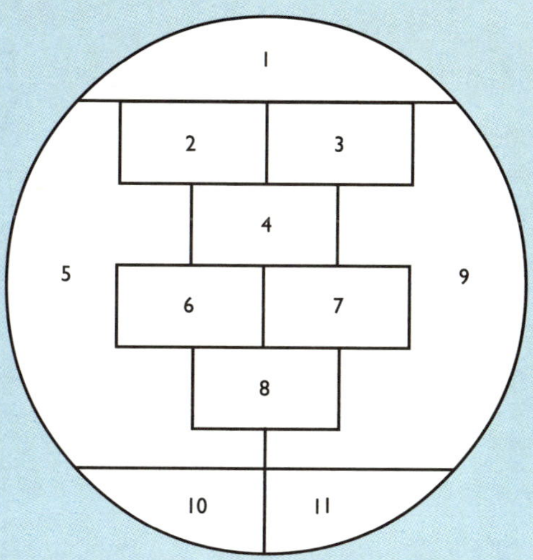

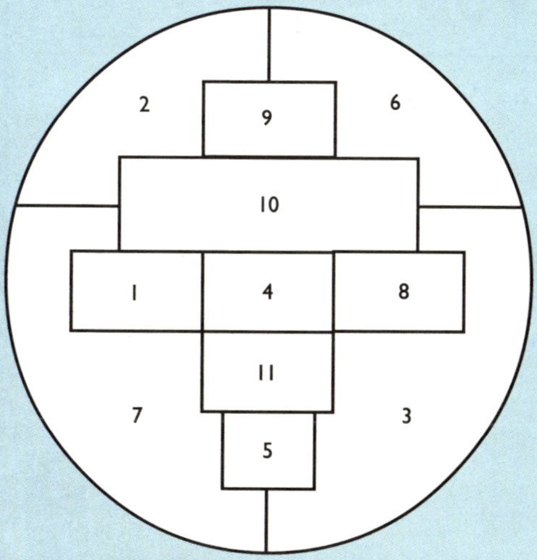

704

难度：
要求：
完成：□ 时间：________

象棋皇后

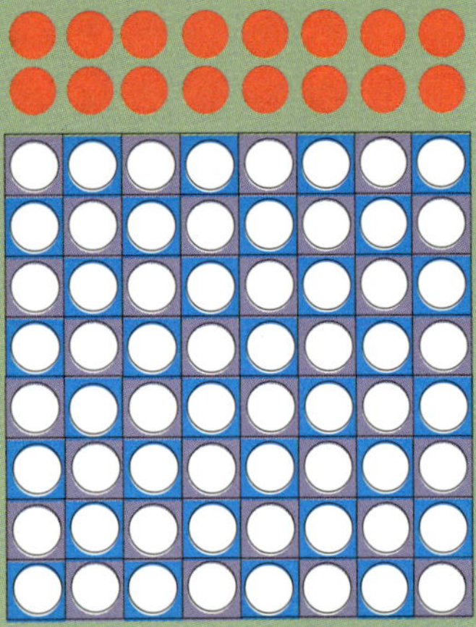

1．在国际象棋棋盘上放10个皇后，并且其中每一个都只能直接攻击另外一个。

2．放14个皇后，使其中每一个都恰好能攻击其他两个。

3. 在国际象棋棋盘上放16个皇后，使其中每一个都只能攻击另外三个。

705

难度：
要求：
完成：□ 时间：________

“之”字形重叠

如何把这8条纸带放进5×5的正方形中，呈现图中所示的图案？

放这8条纸带的顺序是什么？

706

难度：●●●●●●○○○○
要求：👁 ✎
完成：□ 时间：________

重叠

3个相同的长方形叠放在一起，如图所示。它们相交构成7个区域。你能提出一种构成25个区域的方案吗？

707

难度：●●●●●●●○○○
要求：👁 ✎
完成：□ 时间：________

蛇

9个圆盘如图摆放，蛇的眼睛在最左端。现在要你用最少的步数把眼睛移动到另一端。

708

难度：●●●●●●●●●●
要求：👁 ✂
完成：☐ 时间：________

莫比乌斯环 1

沿着莫比乌斯环的中线把它剪开，会发生什么？

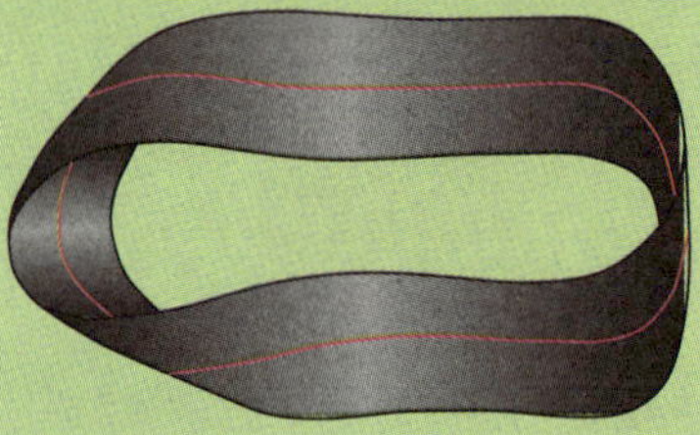

709

难度：●●●●●●●●●●
要求：👁 ✂
完成：☐ 时间：________

莫比乌斯环 2

从莫比乌斯环中间把它剪成三条，会发生什么？

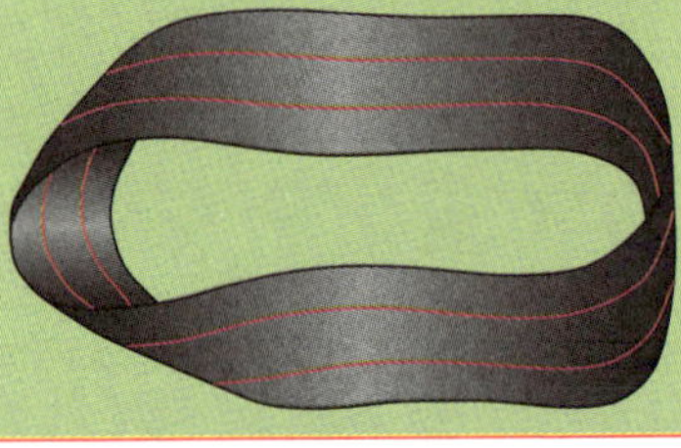

710

难度：●●●●●●●●●●
要求：👁 ✏
完成：☐ 时间：________

地图着色 3

相邻的两个区域不能着同样颜色。在每幅图中，你最少各需要多少种颜色？

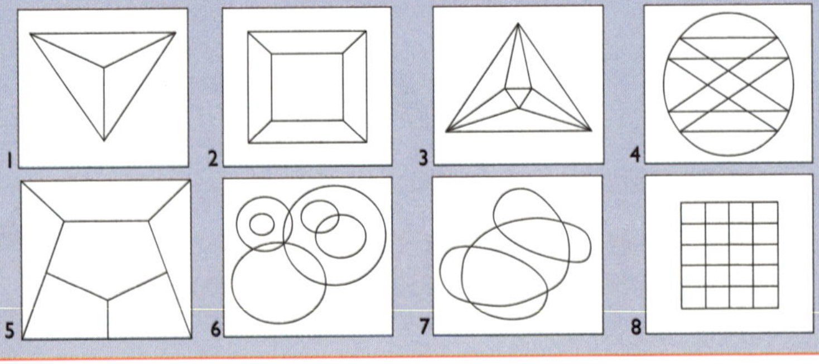

711

难度：●●●●●●●●●●
要求：👁 ✂
完成：☐ 时间：________

纸板做的环

图中展示了一种用一块弯曲的夹板做成的家具。它是圆的，有两条朝里的长凳和一条朝外的长凳。

你能只用一条纸带就做出这个形状吗？当你做出的时候，你能想办法使长凳位置相反，即两条朝外一条朝里吗？

712

难度：●●●●●●●●●●
要求：👁 ✏
完成：☐ 时间：________

瓢虫游戏

21 只瓢虫要放入一个 7×7 的方格中。每一行只能有 3 只瓢虫，而且相邻两行中最多只能有一对瓢虫同列。

你能为它们找到一个分配方案吗？

可以把这个问题作为一个两人游戏。两人轮流把瓢虫放入方格，放进最后一个的人获胜。

713

难度：●●●●●●●●●●
要求：👁
完成：□ 时间：________

拓扑等价 3

这 14 个图中有 3 组 4 个一组的拓扑等价图和一组 2 个一组的拓扑等价图。

你能把 2 个一组的找出来吗？

714

难度：●●●●●●●●●●
要求：👁 ✎
完成：□ 时间：________

着色游戏

把不同颜色填入地图，属于同一“帝国”的区域要涂上相同颜色。如果每个帝国恰有 M 个区域，这就叫“M 区帝国”(M-pire) 问题。

通常的地图着色问题是 1 区帝国问题。2 区帝国问题中，两个分离的区域属于同一国家，也必须涂相同颜色。但相邻区域不能涂相同的颜色。

根据以上条件，你能算出要涂满一幅 2 区帝国图需要多少种颜色吗？

715

难度：●●●●●●●●●●
要求：👁
完成：☐ 时间：________

字母表拓扑

如果一幅图能连续变形成另外一幅图，那么这两幅图拓扑等价。在拓扑学家眼中，三角形和正方形甚至是圆都一样。

字母“E”就和其他 5 个字母拓扑等价。你知道是哪 5 个吗？

ABCDE
FGHIJ
KLMNO
PQRST
UVWXYZ

716

难度：●●●●●●●●●●
要求：👁 ✎
完成：☐ 时间：________

多面体着色

有 5 个正多面体：四面体、六面体、八面体、十二面体和二十面体。为了帮助你给每个面着色，可以把多面体想象成球体，尽管它们有棱有角。

为了着色方便，假设每个面都是有弹性的，所以你可以把多面体压成一个平面，像右图中的那样，这样就便于你观察了。

你知道给一个多面体的面涂色需要多少种颜色吗？别忘记被压在底下的一个面。

717

难度：●●●●○○○○○○
要求：
完成：□ 时间：________

各不同行 1

图中 4 个棋子都不同行、不同列，也不在同一斜线上。按同样要求，你能把 5 个棋子放到 5×5 的棋盘上吗？

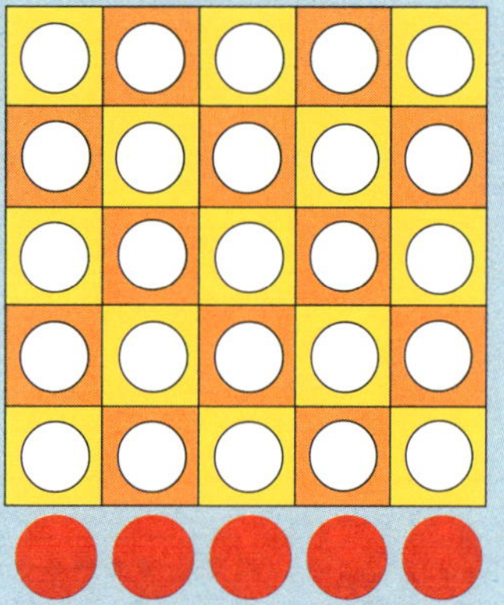

718

难度：●●●●○○○○○○
要求：
完成：□ 时间：________

各不同行 2

把 6 个棋子放到 6×6 的棋盘上，要求它们都不同行、不同列，也不在同一斜线上。

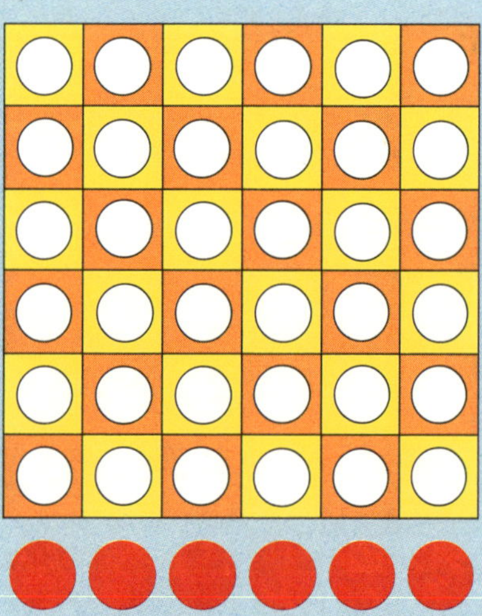

719

难度：●●●●●●●●●●
要求：👁 ✎
完成：□ 时间：________

各不同行 3

把 7 个棋子放到 7×7 的棋盘上，要求它们都不同行、不同列，也不在同一斜线上。

720

难度：●●●●●●●●●●
要求：👁 ✎
完成：□ 时间：________

各不同行 4

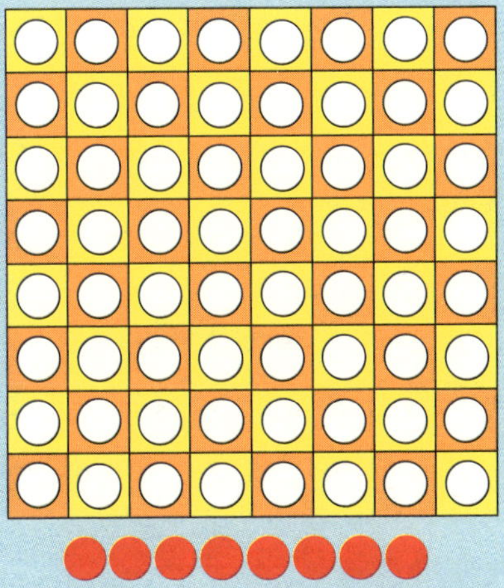

把 8 个棋子放到 8×8 的棋盘上，要求它们都不同行、不同列，也不在同一斜线上。

你能找出 12 种不同的答案吗？

721

难度：●●●●●●●○○○
要求：👁
完成：□ 时间：________

各不同行 5

把 7 个棋子放到格子中，要求任意一条直线上不能有两个棋子。

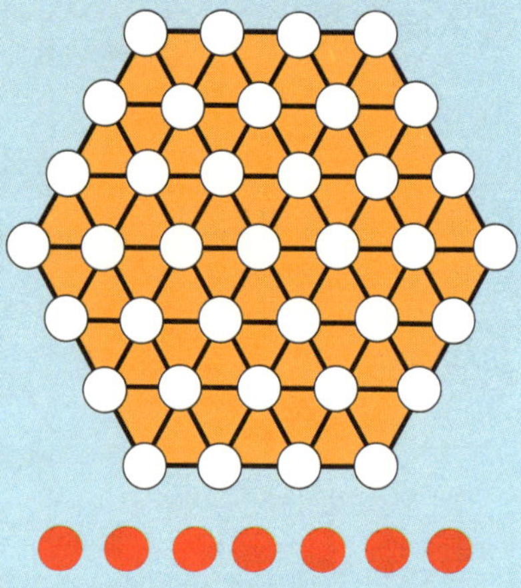

722

难度：●●●●●●●○○○
要求：👁 ✏
完成：□ 时间：________

彩色皇后 1

经典皇后问题的一个变种就是把彩色的皇后放入棋盘。一般问题是：皇后有两种（或更多）颜色，如果要使一种颜色的皇后不被另一种颜色的皇后攻击，那么棋盘上最多能放几个皇后？也就是说，同一行、同一列或同一斜线上有且只能有相同颜色的皇后。

按照这个条件，你能把 5 个红皇后和 5 个蓝皇后放入 6×6 的棋盘吗？

723

难度：●●●●●●●○○○
要求：👁 ✎
完成：□ 时间：________

彩色皇后 2

把 12 个红皇后和 12 个蓝皇后放入 9×9 的棋盘，不同颜色的皇后不能互相攻击。

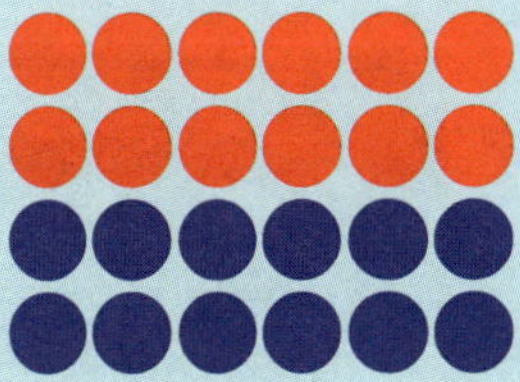

724

难度：●●●●●●○○○○
要求：👁
完成：□ 时间：________

切割正方体

在一个正方体上切一刀，能切出哪些平面图形？

725

难度：●●●●●○○○○○
要求：👁 ✎
完成：☐ 时间：________

截项链

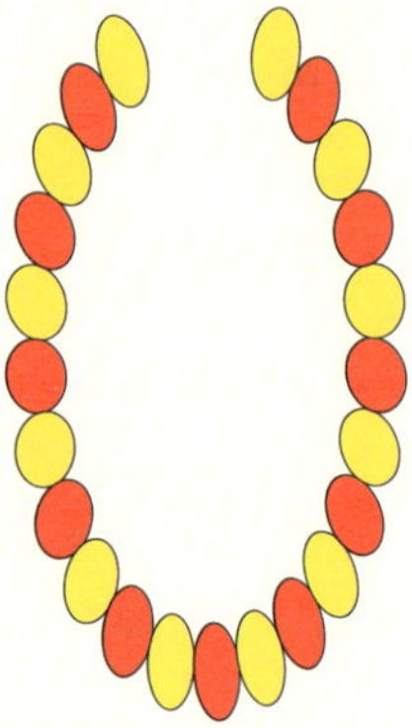

23个珠子串成一串项链。你现在要从中取下几个珠子，使截断的项链能重新组成珠子数可以为1到23中任何一个数的项链。你最少要取下几个？

726

难度：●●●●●○○○○○
要求：👁
完成：☐ 时间：________

绳结的影子

你在地上看到一段绳子，但光线太暗，你看不清绳结相交处哪头在上哪头在下。如果它打成一个结，那么拉绳子的一端它就会收紧。

如果绳子完全随机放置，那这段绳子是打了结的概率有多少？

727

难度：●●●●○○○○○○
要求：👁
完成：☐ 时间：________

软水管

这根浇花用的软水管乱七八糟的。如果把它从两头拉紧，那么最后会形成几个结？

728

难度：●●●●●●●●●●
要求：👁 ✎
完成：☐ 时间：________

蜂窝

数学家赫尔伯特·泰勒研究了六边形和三角形棋盘上的皇后问题的规律。

如果蜜蜂发现它们在同一三角形的边上，它们就会互相攻击。这些蜂窝里分别最多能放进多少只蜜蜂？

在这些蜂窝里，怎么放蜜蜂会使增加一只蜜蜂就引起攻击？

729

难度：●●●●●●●●●●
要求：👁
完成：☐ 时间：________

三维结

这是个由数目最少的单位立方体构成的三维结。每个立方体大小一样，排列紧密，并用整个面与其他立方体相接。

你能说出共有几个立方体吗？

730

难度：●●●●●●●●●●
要求：👁 ✎
完成：☐ 时间：________

影后的金链

一位昔日的影后最近离婚了（已经是第三次了），并在戛纳的一家豪华酒店里陷于困境：她已没有现金，身无分文。酒店经理已停用了她的信用卡，并把她的名字列在黑名单。这个昔日明星每天只愿意在一个时间付钱。她在等前夫在 11 天内支付赡养费，但她现在手头一点现金也没有。

她说服酒店每天让她拿一根金链上的一个环作为一天租金的抵押。当她拿到赡养费后，再把金链赎回去。她觉得很快就能赎回金链，所以只想把它截成必要的几段。

要这样付账，她最少要把金链截成几段？

731

难度：●●●●●○○○○○
要求：👁 ✎
完成：□ 时间：________

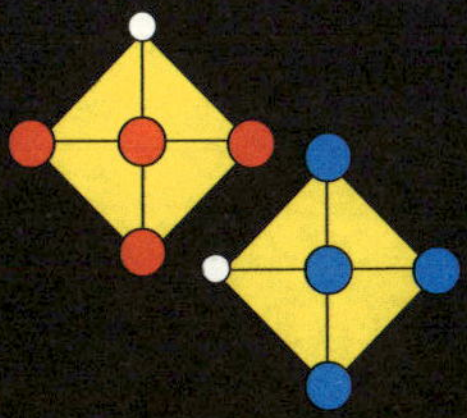

翻转游戏

这个游戏允许移动对手的棋子。

每个玩家有 6 个棋子，一面是红色或蓝色，另一面是黑色。如果一个棋子被翻成黑色朝上，那么每个玩家都可以移动它。

首先，每个玩家把全部棋子都放到棋盘上。然后轮流移动棋子，可以把棋子走到相邻的空格，可以跳过另一个棋子到一个空格，也可以把一个棋子翻过来。

如果一个人能把自己颜色的棋子排成图示的三角形，那么他就获胜。

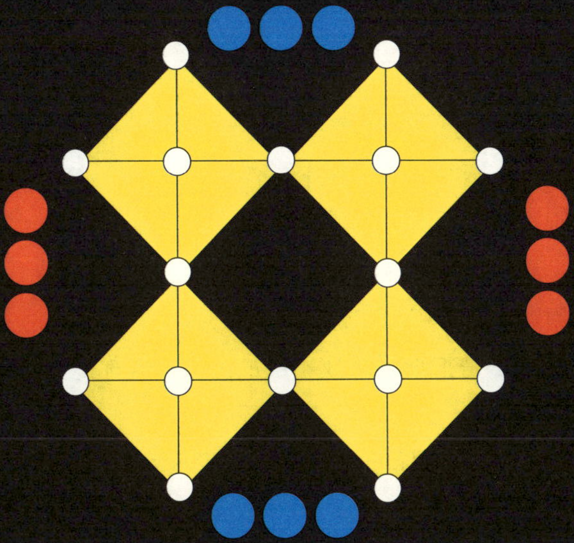

732

难度：●●○○○○○○○○
要求：👁
完成：□ 时间：________

开锁组合

一个保险箱有 10 把锁和 10 把钥匙，每把钥匙上有一个字母。当所有的钥匙都插准锁眼，锁才会打开。

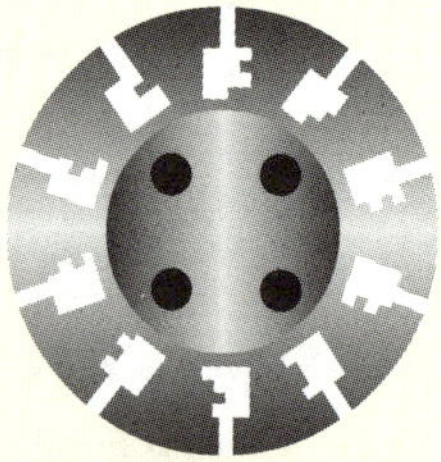

共有 360 万种可能的组合。好在几把锁上有相应的钥匙的形状。

你能排出正确的钥匙顺序吗？钥匙上的字母拼成什么单词？

733

难度：●●●●●○○○○○
要求：👁
完成：□ 时间：________

钥匙问题

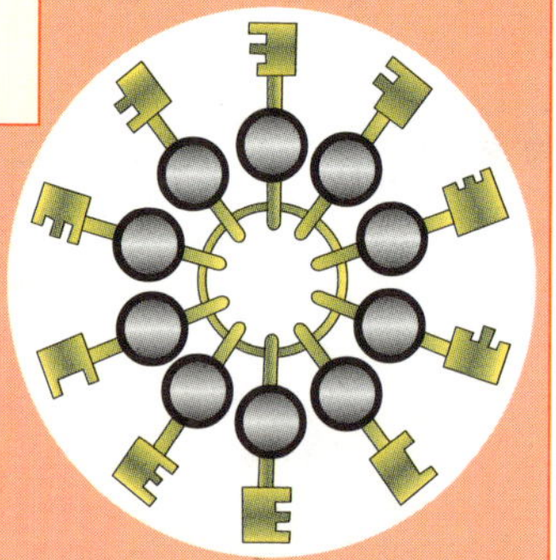

一个圆环上穿着 10 把钥匙，每把都有一个圆把手，每把开一把锁。你记得钥匙的顺序，可是你在黑暗中，看不见钥匙串，只能靠手指摸出钥匙的形状。如果你有办法用触觉分辨钥匙，就能很快打开门。

一个办法是把把手做成不同的形状，但你是不是需要 10 个不同的形状？

若只靠触觉，那最少要有多少种形状就能分辨所有钥匙？钥匙的排列有什么顺序？

任何造成对称的情况都不可取、因为黑暗中你不能判断这种情况。

734 超级皇后

难度：●●●●●●●●●○○
要求：👁 ✎
完成：□ 时间：________

超级皇后是一种假想的棋子，它既能够按皇后的步法走，也可以按马的步法走。

数学家乔治·波利亚发现，如果 n 取 10 以内，那么就不可能把 n 个超级皇后放到 n×n 的棋盘上而不使它们互相攻击。

但 10 个超级皇后会怎样？你能把 10 个超级皇后放到 10×10 的棋盘上，使它们不互相攻击吗？

735 滑锁

难度：●●●●●●○○○○○
要求：👁 ✎
完成：□ 时间：________

这个圆盘和这些彩色小木块嵌在一块带槽的板上。圆盘可以带着红色的方形小木块一起移动。

根据这些条件，你能把右下方黄色的小木块从槽的底部移动到槽的顶部吗？要多少步？按什么顺序？

736

难度：

要求：

完成：□ 时间：________

含多边形的圆

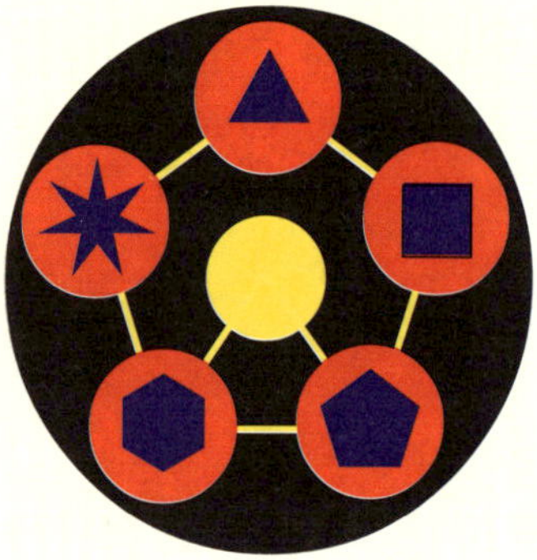

在 5 个圆盘上放上多边形。每次可以把一个圆盘移动到有直线相邻的空圆圈中，你能把星形和六边形交换位置吗？要做到这点最少要用几步？

737

难度：

要求：

完成：□ 时间：________

放回动物

10 只动物被随机地放进 10 个笼子。每个笼子都有三扇门，两侧各两扇，还有一扇朝向中央。

任何时候都不能把两个动物放在一个笼子或都放在中央的空地，用什么办法可以把它们放回各自的笼子（使圆圈颜色和笼子颜色配对）？要移动几次？

（图注：从驴上的单词开始，顺时针为猫头鹰、鹦鹉、狮子、蛇、熊、斑马、猴子、大象、蜥蜴、袋鼠）

738

难度：●●●●○○○○○○
要求：👁
完成：□ 时间：________

解套环

图中的人想把他手臂上的环取下来，但他不愿意把手从口袋里拿出来，也不愿脱下衣服，更不愿把绳环塞进口袋。那他该怎么办？

739

难度：●●●●●●●●●●
要求：👁
完成：□ 时间：________

复杂的着色游戏

这是一个更为复杂的着色游戏。两人依次给图中区域着色，任意两相邻区域不能是同种颜色。每人有 5 种颜色可以选择。

这听上去有点像地图着色游戏，但有一个区别：两人游戏目标不同。第一个人要尽量减少所用的颜色数，最后的图能够被这 5 种颜色或更少的颜色图满；第二个人则要尽量多用颜色，让最后 5 种颜色不够。最后谁达到自己的目标谁就获胜。

你能为第二个人设计一套方案，让他一直获胜吗？

740

难度：●●●●●●○○○○
要求：
完成：□ 时间：________

每行个数小于三 1

最少的棋子数

把6个棋子放入5×5的棋盘格，使每行、每列或每条斜线上都不包含3个棋子。

最多的棋子数

把10个棋子放入5×5的棋盘格，使放入第十一个后一定会有一行包含3个棋子、一列包含3个棋子和一条斜线包含3个棋子。

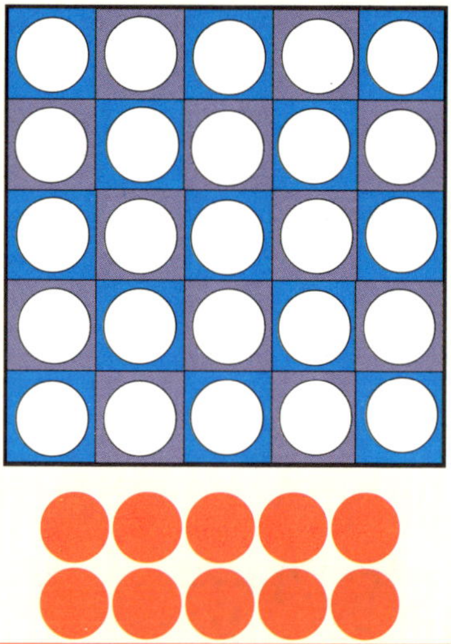

741

难度：●●●●●●○○○○
要求：
完成：□ 时间：________

每行个数小于三 2

最少的棋子数

把6个棋子放入6×6的棋盘格，使每行、每列或每条斜线上都不包含3个棋子。

最多的棋子数

把12个棋子放入6×6的棋盘格，使放入第十三个后一定会有一行包含3个棋子、一列包含3个棋子和一条斜线包含3个棋子。

742

难度：●●●●●●●○○○
要求：👁 ✎
完成：□ 时间：________

每行个数小于三 3

最少的棋子数

把 8 个棋子放入 7×7 的棋盘格，使每行、每列或每条斜线上都不包含 3 个棋子。

最多的棋子数

把 14 个棋子放入 7×7 的棋盘格，使放入第十五个后一定会有一行包含 3 个棋子、一列包含 3 个棋子和一条斜线包含 3 个棋子。

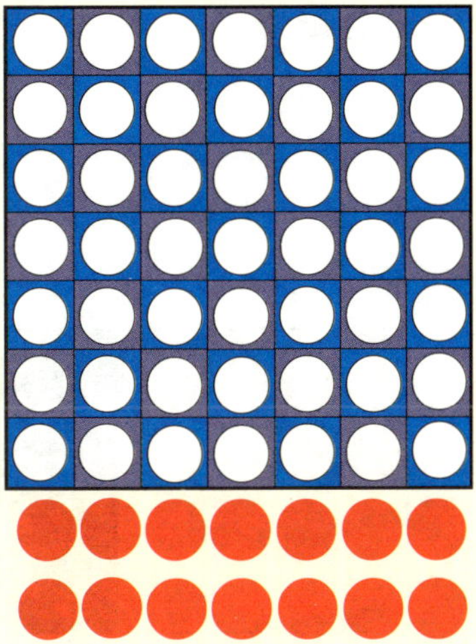

743

难度：●●●●●●●○○○
要求：👁 ✎
完成：□ 时间：________

每行个数小于三 4

把 16 个棋子放入 8×8 的棋盘格，使放入第十七个后就会形成包含 3 个棋子的一行、一列或一条斜线。

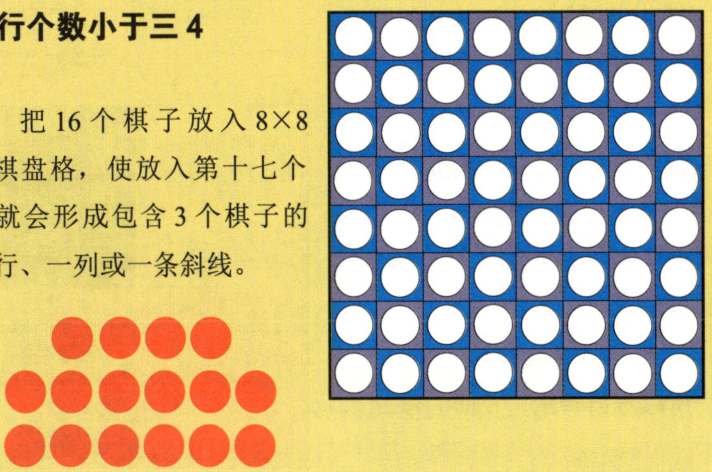

744

难度：●●●●●●●●●●
要求：👁 ✂
完成：☐ 时间：________

折三色纸带

折这张由三个不同颜色的正方形组成的纸带，你能找出几种方法？

折痕必须是正方形的交界。

正方形两面颜色相同，所以不用考虑正反面的情况。

745

难度：●●●●●●●●●●
要求：👁 ✂
完成：☐ 时间：________

折四色纸

折这张由四个不同颜色的正方形组成的正方形纸片，你能找出几种方法？

折痕必须是正方形的交界。

正方形两面颜色相同，所以不用考虑正反面的情况。

746

难度：●●●●●●●●●●

要求：

完成：□ 时间：________

折报纸

把一张普通报纸对折。很简单，是不是？

你能把一张报纸对折 10 次以上吗？

747

难度：●●●●●●●●●●

要求：

完成：□ 时间：________

折四色纸带

折这张由四个不同颜色的正方形组成的纸带，你能找出几种方法？

折痕必须是正方形的交界。

正方形两面颜色相同，所以不用考虑正反面的情况。

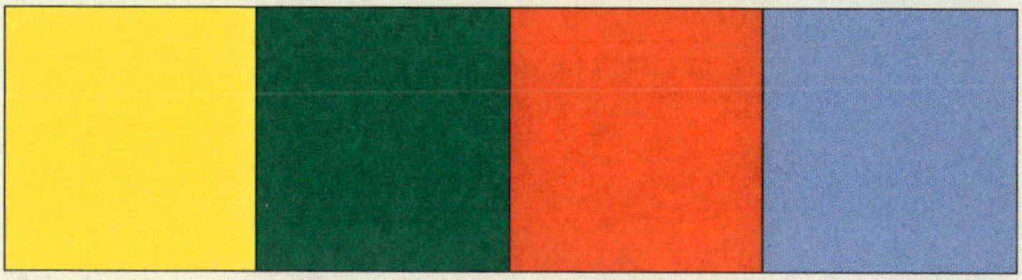

748 难度：●●●●●●●●●●
要求：👁
完成：□ 时间：________

单词链

图中的字母由铰链相连，除了字母“Y”之外，其他字母都是活动的。

当它们都排进这个 5×5 的正方形后，这些字母将拼出一条重要信息。你能发现吗？

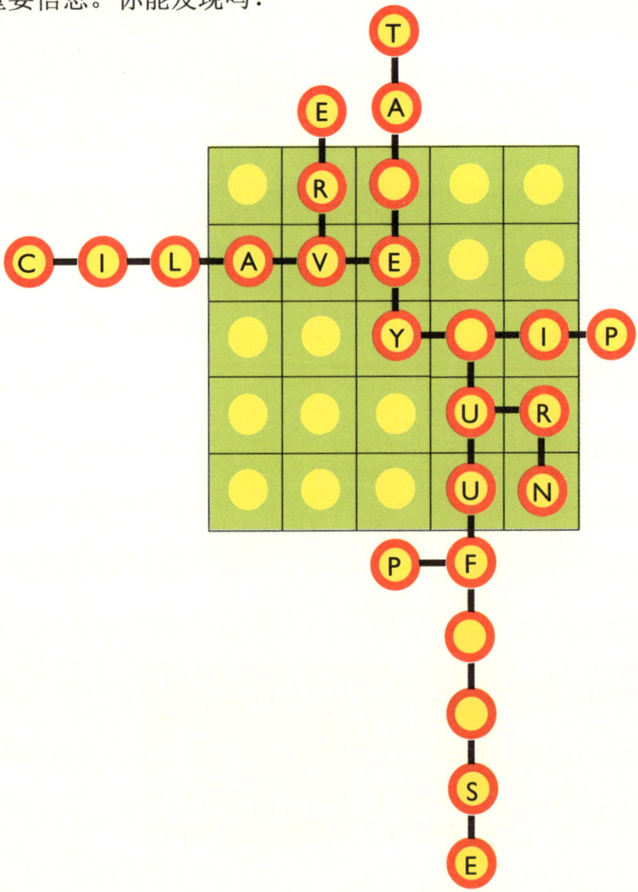

749

难度：●●●●●○○○○○
要求：👁 ✎
完成：□ 时间：________

非等距矩阵 1

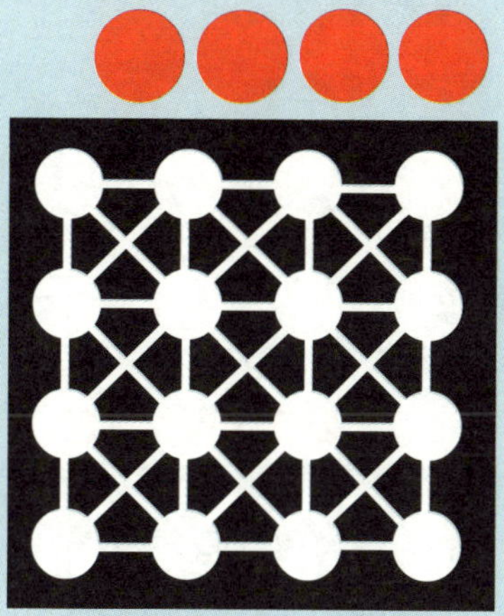

“非等距矩阵”问题要求把几个棋子放入一个正方形棋盘中，使每两个棋子之间的距离都不相等。假设两棋子间的距离按照两棋子中心的直线距离计算。

如何把4个棋子放入4×4的正方形，使它们两两之间距离不相等？

750

难度：●●●●●●○○○○
要求：👁 ✎
完成：□ 时间：________

非等距矩阵 2

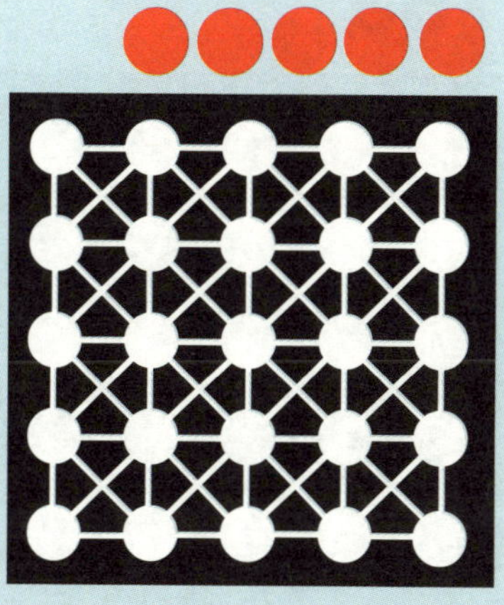

如何把五个棋子放入5×5的正方形，使它们两两之间距离不相等？

751

难度：●●●●●●○○○○

要求：

完成：□ 时间：________

非等距矩阵 3

如何把六个棋子放入6×6的正方形，使它们两两之间距离不相等？

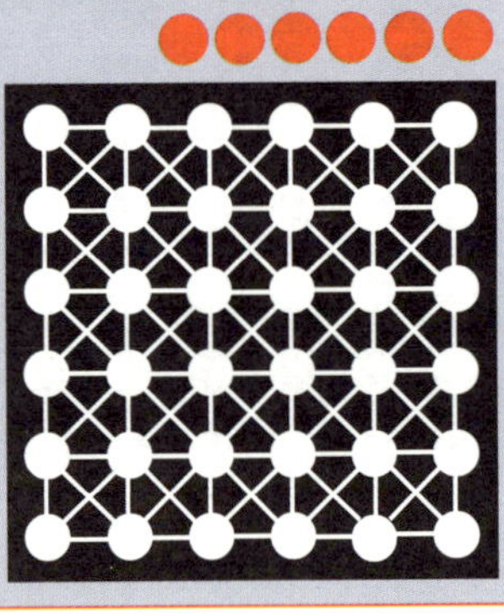

752

难度：●●●●●●●○○○

要求：

完成：□ 时间：________

非等距矩阵 4

如何把7个棋子放入7×7的正方形，使它们两两之间距离不相等？

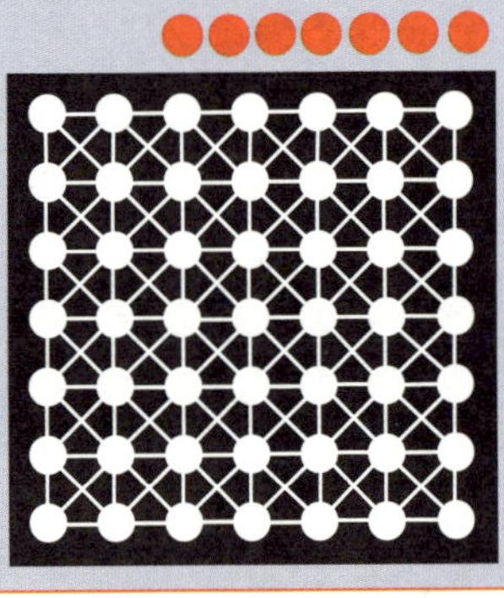

753

难度：●●●●●○○○○○

要求：

完成：□ 时间：________

交叉路 1

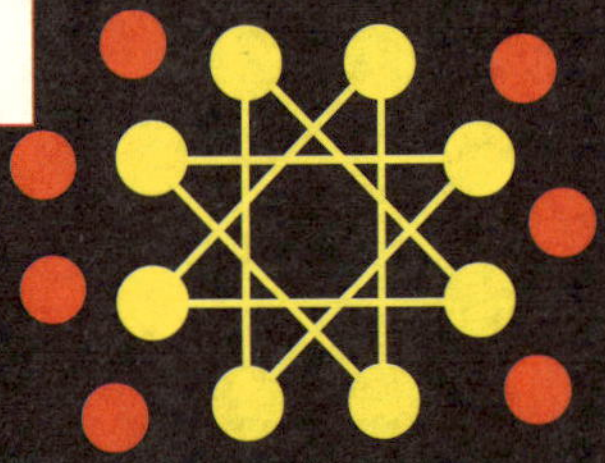

把8个棋子放到八角星的8个顶点上。每次放一个棋子到空的圆圈里。放下一个后，这个棋子要被立即移动到与其所在圆圈有直线相连的空圆圈中。移动好后，这个棋子就再也不能动了。

有一个始终能解决这个问题的策略，你能发现它吗？

754

难度：●●●●●●○○○○
要求：👁 ✎
完成：□ 时间：________

双色立方体

用两种颜色给正方体的各个面着色，共有几种不同方法？

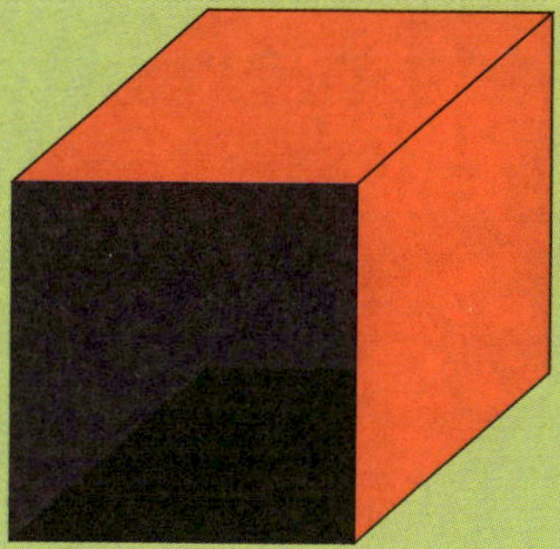

755

难度：●●●●●●●○○○
要求：👁
完成：□ 时间：________

最短路径

瓢虫想尽快抓住这只蚜虫，图中标出的路径是最短的吗？

756

难度：●●●○○○○○○○
要求：👁
完成：□ 时间：________

串在一起的环

一个铁匠要把这5根分开的链条打成一根长链条。你能找出一种方法，只需要截断其中3个环吗？

757 | 难度：●●●●●○○○○○ 要求：👁 ✎ 完成：□ 时间：________

过桥

你要把所有蓝色的汽车开到桥的右端。每次可以移动一辆车，只要把一辆车移动到一个新位置就算一步，而不管移动了多少距离。

你有办法把它们全移到右边吗？

758 难度：●●●●●●●●●● 要求：👁 ✎ 完成：☐ 时间：________

移动圆盘

移动圆盘，使图案颠倒。规则是：

1. 一次只能移动一个圆盘。

2. 一个圆盘可以移动到邻近的空格中。

3. 一个圆盘可以跳过与之颜色不同的圆盘落到空格中。

4. 一个圆盘不能跳过与之颜色相同的圆盘。

5. 不能退回。

每一步都落在一个标有数字的空格中，而且每一步都不能影响到别的圆盘。

你能分别在 15 步和 24 步内完成吗？

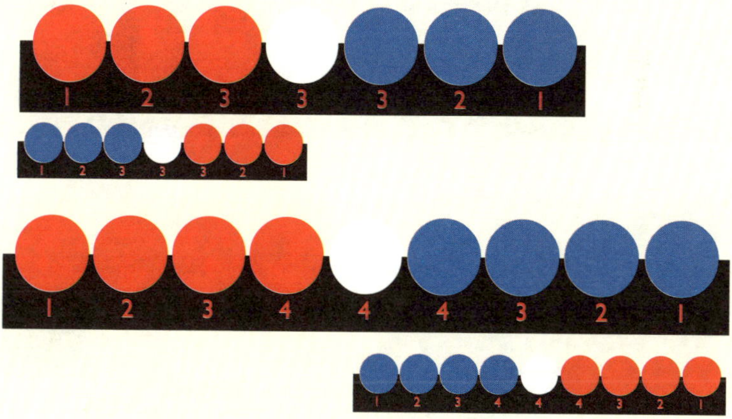

759 难度：●●●●●○○○○○ 要求：👁 ✎ 完成：□ 时间：________

扭曲的图形 1

只看一眼这幅图，你能说出这是一个什么东西吗？如果不能，就把它画在下面的方格中。

把一面圆柱形的镜子放在红色的圆圈里，你就能看到这幅图的原貌了。

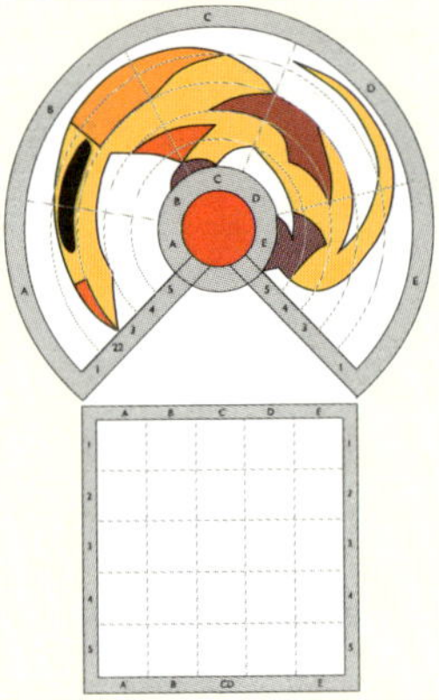

760 难度：●●●○○○○○○○ 要求：👁 ✂ 完成：□ 时间：________

切割窗口 1

取一张正方形的纸并剪去一角，如图所示。

剪好展开后这张纸会是什么样子的？

761 难度：●●○○○○○○○○ 要求：👁 完成：□ 时间：________

叠立方体 1

沿着图上标的直线，可以把下图叠成一个立方体。你知道哪两个颜色的面相对吗？

762

难度：●●●●●●○○○○
要求：👁
完成：□ 时间：________

七选一

下面7个立方体中，哪一个不能由上面那幅没有给全颜色的图折出？

763

难度：●●●●●○○○○○
要求：👁 ✎
完成：□ 时间：________

方块对方块

1. 如果一个方块可以用24种方法放到桌子上，那么两个方块相接放到桌子上，共有几种放法？

2. 如果3个方块相接放到桌子上，这些方块各自都在原处转动方向，共有几种放法？

3. 8个方块4个4个叠在一起。如果8个方块可以在各自位置上转动方向，共有几种放法？

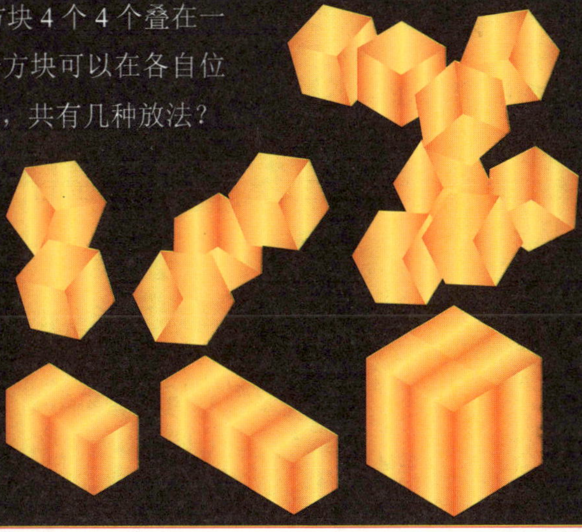

764 | 难度：●●●●●●●●●● | 要求：👁 ✏ | 完成：□ 时间：________

扭曲的图形 2

看一眼这幅图，你知道这幅扭曲的图上画的是谁吗？如果不行，就把它画在右边的格子里试试。

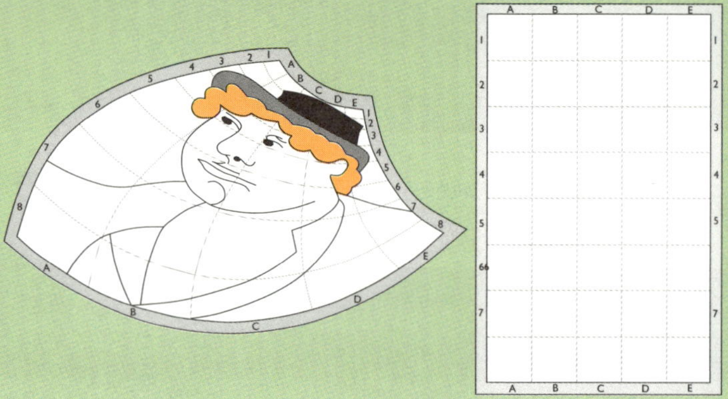

765 | 难度：●●●●●●●●●● | 要求：👁 | 完成：□ 时间：________

扭曲的图形 3

这幅有趣的图能测试你的观察力。你能看出里面藏了什么吗？

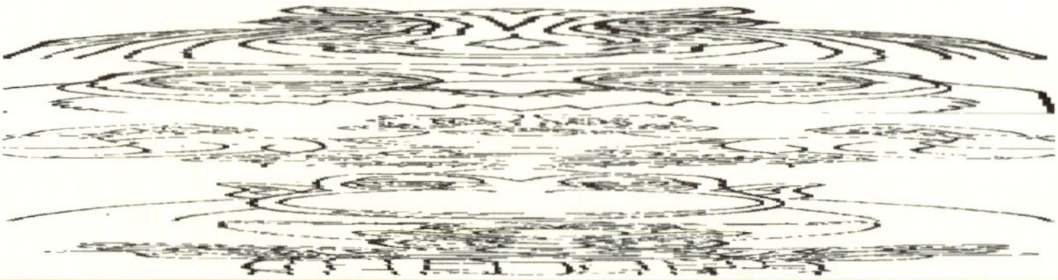

766

难度：●●●●●●●●●●
要求：👁 ✎
完成：□ 时间：________

扭曲的图形 4

看一眼这幅图，你知道这幅扭曲图上画的是谁吗？如果不行，就把它画在右边的格子里试试。

可以把一面圆柱形的镜子放在图中红色的圆圈里，以检验你的结果。可以在管子外包一层反光金属纸作为镜子。正常的图会在镜子里出现。

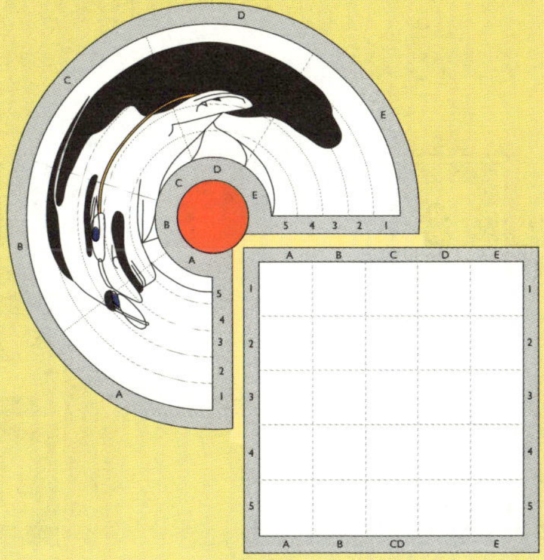

767

难度：●●●●●●●●●●
要求：👁 ✎
完成：□ 时间：________

四面体－八面体金字塔

这个金字塔由正四面体和八面体组成。

如果这个金字塔本身也是一个四面体，边长是构成它的四面体的边长的三倍，那么它由几个四面体和八面体组成？

768

难度：●●●●●●○○○○
要求：
完成：□ 时间：________

华容道

图中有几块带数字的拼图。你能通过上下左右移动，让它们按从小到大顺序排列吗？

769

难度：●●●○○○○○○○
要求：
完成：□ 时间：________

切割窗口 2

如图，把一张方纸片折好后剪去一部分。

纸片展开后是什么图案？

770

难度：●●●●●●●●●●
要求：👁
完成：□ 时间：________

立方体环

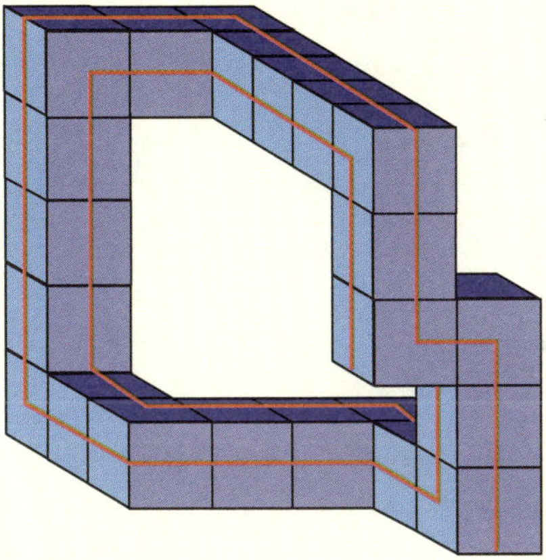

这个立方体环由22个立方体组成。但它只有一个面和一条边，和莫比乌斯环原理一样。

要组成这样的立方体环最少需要多少个小立方体？

771

难度：●●●●●●●●●●
要求：👁
完成：□ 时间：________

不可能的长方形

在这10幅图中，5幅是相同的（包括旋转后相同的情况，但不包括对称）。还有另外3幅也是相同的（同样包括旋转的情况）。其中有两幅是唯一的，你知道是哪两幅吗？

772

难度：●●●●●●●○○○
要求：👁
完成：□ 时间：________

大的穿小的

你能在小立方体上挖个洞，让大立方体穿过它吗？

773

难度：●●●●●●○○○○
要求：👁
完成：□ 时间：________

数立方体

根据你看见的图案，你能说出每一堆各有多少个立方体吗？

774

难度：●●●●●●○○○○
要求：👁 ✎ 📄 ✂
完成：☐ 时间：________

交叉路 2

把 11 个棋子依次放入 12 个格子中。放下一个后，这个棋子要被立即移动到与其所在圆圈有直线相连的空圆圈中。

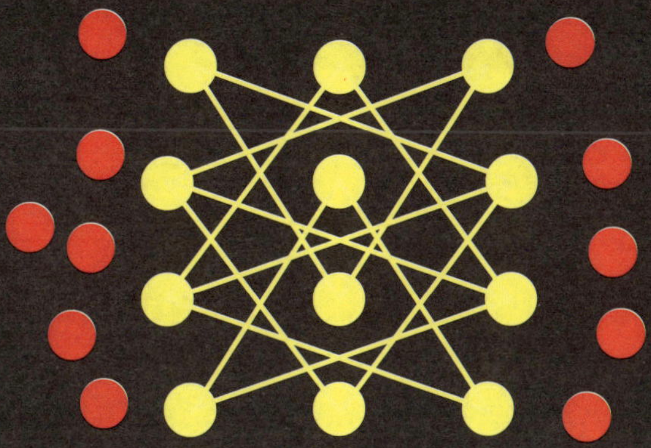

775

难度：●●●●●●●○○○
要求：👁 ✎
完成：☐ 时间：________

双色立方体角

把一个立方体的角涂上两种颜色，共有几种不同的涂法？旋转的情况不算，但对称的情况算。

776

难度：●●●●●●●●●●
要求：👁
完成：□ 时间：________

套在一起吗

截断5个环中的哪一个，它们就全都被分开了？

777

难度：●●●●●●●●●●
要求：👁
完成：□ 时间：________

构成立方体

一个立方体有6个面，下面的方格都能构成立方体吗？

778

难度：●●●○○○○○○○
要求：👁
完成：□ 时间：________

叠立方体 2

沿直线可以把此图折成一个立方体。哪两个颜色的面相对？

779

难度：●●●●○○○○○○
要求：👁 ✎
完成：□ 时间：________

四色正方形游戏

把方格填满，而且相邻区域不能使用相同颜色。

每个人从红、绿、蓝、黄四种颜色中选两种，依次往方格里涂颜色。每一块新涂色的区域都必须与至少一个已经涂上颜色的区域相邻，但颜色不能相同，角上也一样。直到没有可以涂色的区域。

计分规则：一个人用他的颜色涂满了一个2×2的方格就得一分，涂满3×3的方格得两分，依次类推。单个方格不计分。

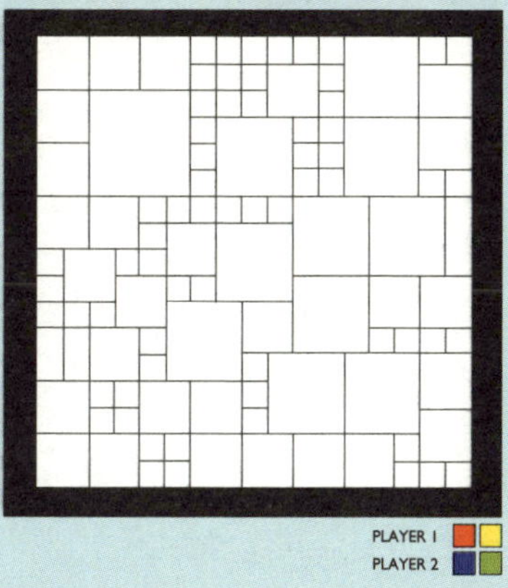

780

难度：●●●●●●●●●●
要求：👁 ✎
完成：☐ 时间：________

摆动的点 2

左图中有一条回路连接了 27 个点，这条回路共有 26 次弯曲。你能找到另一条有 26 次弯曲的回路吗？

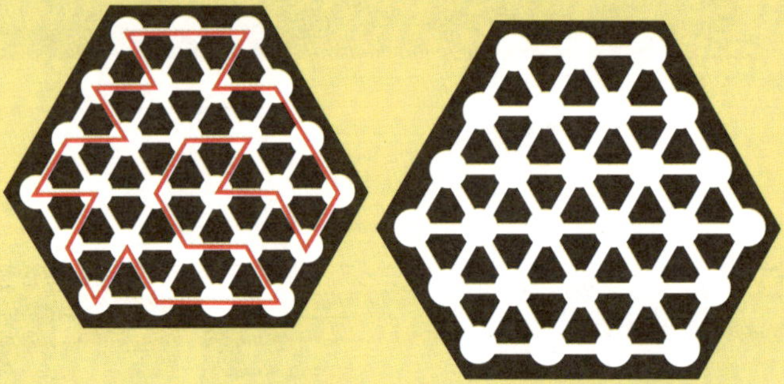

781

难度：●●●●●●●●●●
要求：👁 ✎
完成：☐ 时间：________

四面体的体积

如图，从一个立方体中截得一个四面体。你能算出它和立方体的体积之比吗？

782

难度：
要求：
完成：□ 时间：________

饥饿的老鼠

给老鼠指出一条路，让它能吃掉所有的菜，但每个房间它只进去一次。

783

难度：
要求：
完成：□ 时间：________

华容道 2

把拼图从左边的顺序转变到右边的顺序，需要多少步？

784

难度：●●●●●●○○○○
要求：
完成：□ 时间：________

菊花游戏

开始时 13 只蜜蜂都在靠近花心的地方。每人每次把一只或两只蜜蜂移到花瓣外侧，谁抓到最后一只蜜蜂谁就获胜。让对手先走，你能想出一种策略让自己每次都获胜吗？

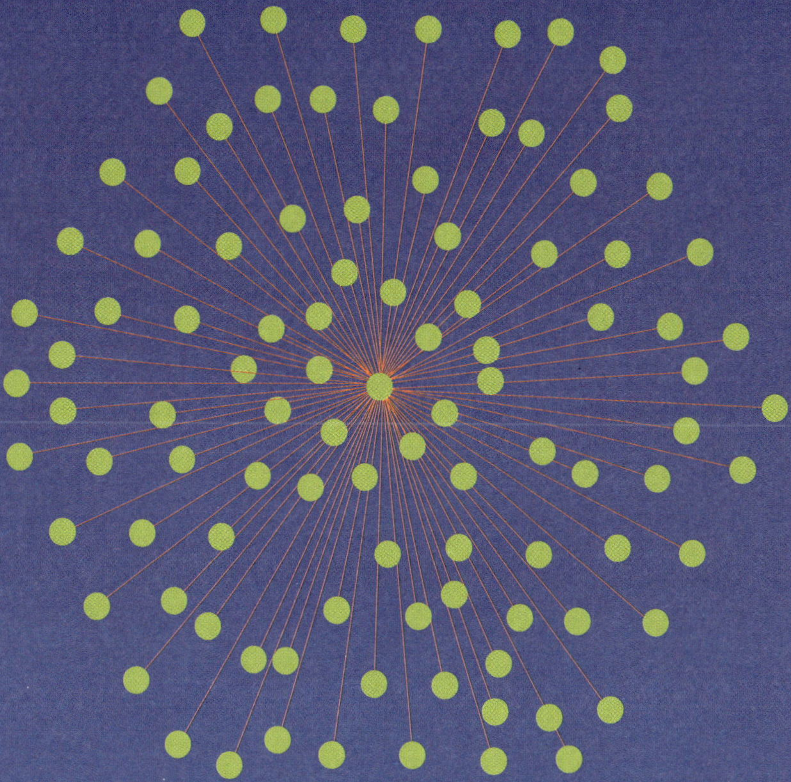

12

科学

785　难度：●●●●●●●●○○
要求：👁
完成：☐　时间：________

重力火车

人们曾经想发明一种只靠引力开动的火车，穿越两城市间的笔直隧道。它的每条铁轨都是笔直的，也不能顺着地球表面弯曲。隧道的中央比两端更接近地心，所以火车的前半段路是下坡，其获得的动能可以供其驶完后半段上坡的路。

不考虑摩擦或空气阻力，这种方案可行吗？如果可以，那它完成行程的最短时间是多久？

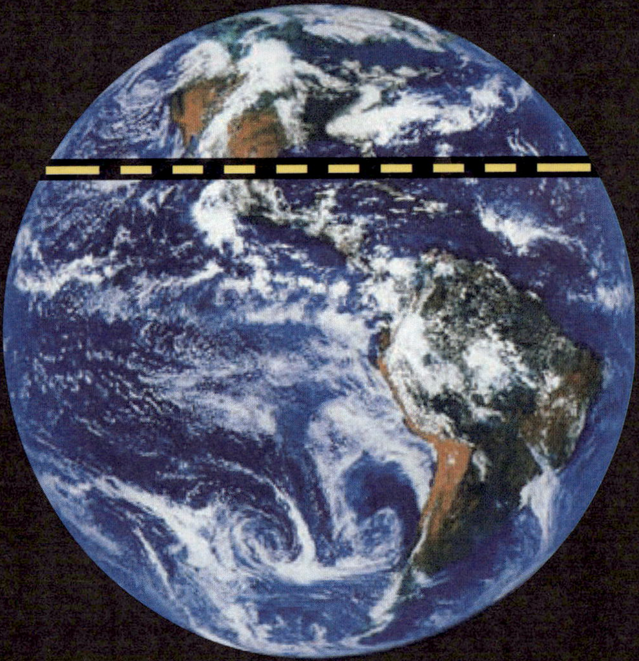

786 | 难度：●●●●●●○○○○ 要求：👁 完成：☐ 时间：________

在地球内部

如果你沿着一根柱子滑到地表以下很深的地方，你的重量将会发生什么变化？

1. 比在地表时重；
2. 比在地表时轻；
3. 没有变化。

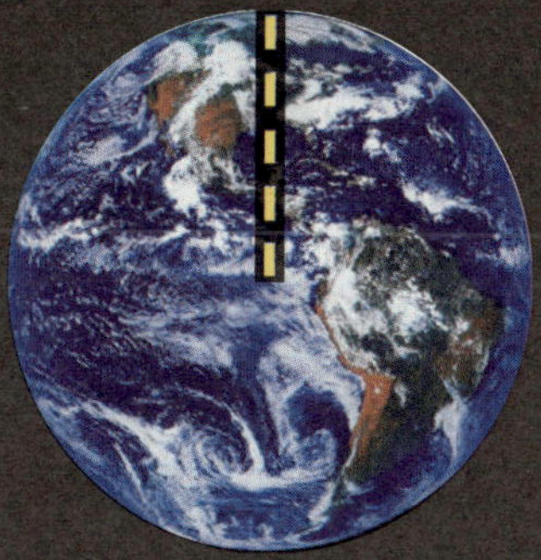

787 | 难度：●●●●●●○○○○ 要求：👁 ✎ 完成：☐ 时间：________

哪里最重

地球是近圆形，两极稍扁，赤道略鼓。

你知道你在哪里更重吗？在北极点、南极点还是赤道？

788

难度：●●●●●●○○○○
要求：👁
完成：☐ 时间：________

星际体重秤

你能在宇宙中任意一个地方用体重秤称体重吗？

789

难度：●●○○○○○○○○
要求：👁
完成：☐ 时间：________

月球上的宇航员

宇航员在月球上的体重和他们在地球上时相等吗？

790

难度：●●●●●●●○○○
要求：👁
完成：☐ 时间：________

引力的相对性

假设你站在一个没有窗子的密封小房间里。两个质量不同的球从相同高度自由落下，它们以相同的加速度下落，同时到达地面。

你能判断出你是在地球上的某个房间里，还是在一艘加速度恒为 9.80665 米 / 秒 ^{2} 的火箭上吗？

791 难度：●●●●●●●●●● 要求：👁 完成：□ 时间：________

下落的石头

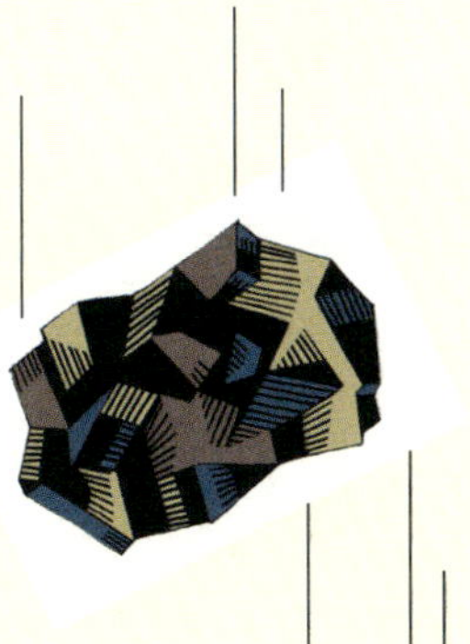

一块大石头的重量是一块小石头重量的 100 倍，但它们下落时的加速度相等（不考虑空气的作用）。为什么大石头没有落得快些？是因为它的重量、能量、表面情况还是惯性？

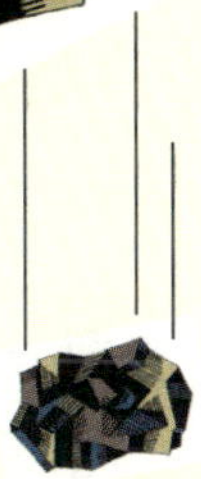

792 难度：●●●●●●●●●● 要求：👁 完成：□ 时间：________

下落的物体

1971 年，阿波罗 15 号的宇航员大卫·斯考特做了一个著名实验。他让一根羽毛和一把榔头同时下落，结果两者都像普通石头一样以相同的加速度落下。原因是他在月球上让它们下落，月球上没有空气，所以羽毛没有受到空气阻力的影响。

从亚里士多德开始，人们就认为重的物体下落得快，这个观念一直保持到中世纪。伽利略通过比萨斜塔试验，首次证明了这个观点是错误的。从那以后，科学家们就致力于寻找减少空气阻力的方法。

如果让一枚硬币和一张纸同时下落，硬币无疑会下落得更快，这是由于空气阻力的缘故。你能在一间普通的房间里证明硬币和纸下落的速度应该一样吗？

793

难度：●●●●●●●●●●
要求：👁
完成：□ 时间：________

抵消引力

宇航员们在环绕地球轨道时会觉得失重，但这种失重的感觉在坐飞机时也会碰到。这三条飞行轨迹哪条会让你感觉失重？

794

难度：●●●●●●●●●●
要求：👁
完成：□ 时间：________

书本的摩擦力

用丝带把第二本书抽出来，它上面的书和下面的书都能保持原位吗？

795

难度：●●●●●●●●●●
要求：👁
完成：□ 时间：________

摇苹果

颠一个装满苹果的箩筐，其中大的苹果会怎么样？它们会跑到箩筐上面还是下面？

796

难度：●●●●●●○○○○
要求：👁
完成：☐ 时间：________

拉断绳子

如图，把一根细绳子扎在一本很重的书上。拉住绳子的两端，哪端的绳子会先断？

朋友说是上面的绳子，于是我开始拉绳子，结果下面的绳子先断了。

怎么控制能让两端的绳子任意端先断吗？

797

难度：●●●○○○○○○○
要求：👁
完成：☐ 时间：________

大球与小球

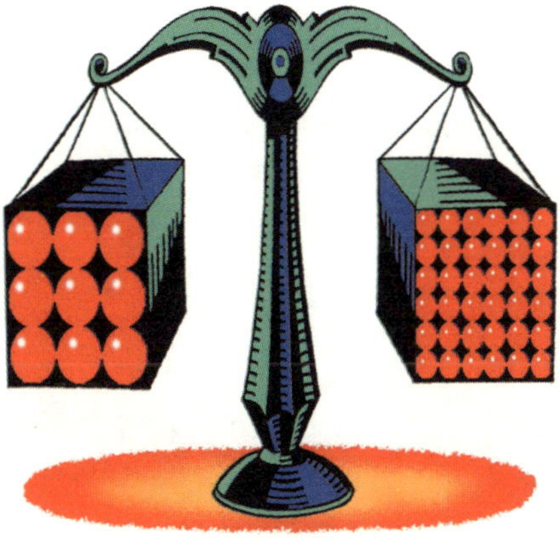

一个装满小球的正方体和一个装满大球的正方体哪个更重？

如果更小的球被装进去，情况会有不同吗？

798

难度：●●●●●●○○○○
要求：👁
完成：□ 时间：________

黄金走私犯

虽然每一个乘客都通过了海关的检查，但是一个仔细的海关官员叫住了其中的一人，要求复查他的一个箱子。官员发现了一件装着重物的行李。

你知道是什么引起了海关官员的怀疑吗？

799

难度：●●●●●●○○○○
要求：👁
完成：□ 时间：________

奇特的球

一个撞球游戏大厅里提供五种不同颜色的球，分别是红色、蓝色、绿色、黄色和橙色。有 4 种球每个重 100 克，有一种球每个重 110 克。

有一个能精确到 100 克的弹簧秤，想用它称出哪一种颜色的球重 110 克。你能通过最少的称量次数把它称出来吗？

800

难度：●●●●●●○○○○
要求：👁
完成：☐ 时间：________

拉绳子

如何拉这只线圈，使它能朝前后任意一个方向运动？

801

难度：●●○○○○○○○○
要求：👁
完成：☐ 时间：________

翻倒的盒子

图中画了一个长方形盒子的三种位置。

1. 在这个位置，如果你稍微推一下盒子，它就会翻倒。

2. 在这个位置，你可以平推这个盒子而保持它不倒。

3. 在这个位置，盒子的大部分都在桌面以外，但它不会掉下去。

你能解释这种奇怪现象吗？

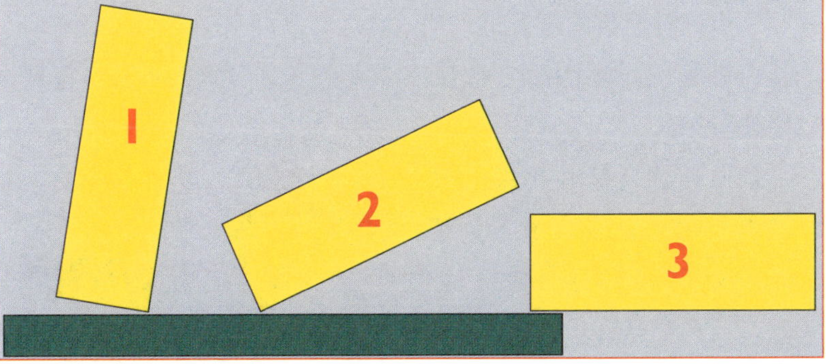

802

难度：●●●●●●●○○○
要求：👁
完成：☐ 时间：________

钓到大鱼

你可以用弹簧秤测量重量，就是因为重量多少完全由引力决定。弹簧或一根橡皮筋的伸长和它所受的作用力成正比。两倍或三倍的力将导致弹簧两倍或三倍的伸长。

但因为弹簧是测力的，所以它的读数并非就是实际数目。请看这里的例子：弹簧秤显示这条剑鱼重 10 千克，你知道这条剑鱼到底多重吗？

803

难度：●●●●○○○○○○
要求：👁
完成：☐ 时间：________

哪个更容易翻倒

有一种简易的装置可以测试物体容易翻倒的程度。一个物体可以放在一块平板上，然后平板缓慢地转过一定角度，直到物体翻倒。

哪种物体能在平板上待更多的时间？你知道下列图形中哪个更容易翻倒吗？

804 难度：●●●●○○○○○○ 要求：👁 完成：☐ 时间：________

尺子平衡问题

你和一个朋友想要用食指平衡一把米尺，如图所示。你能想出当你们同时把手往尺中间移动时会发生什么情况吗？如果你们从中间开始把手指往两端移动，又会发生什么情况？

805 难度：●●●●●●○○○○ 要求：👁 完成：☐ 时间：________

弹簧的平衡

一根弹簧用一根绳子系在天花板上，另一根绳子一端系着地板，从而拉紧弹簧，这时弹簧上的指针读数为 100 千克。

然后，依次把重 50、100 和 150 千克的砝码挂到弹簧上，弹簧上的指针读数分别为多少？

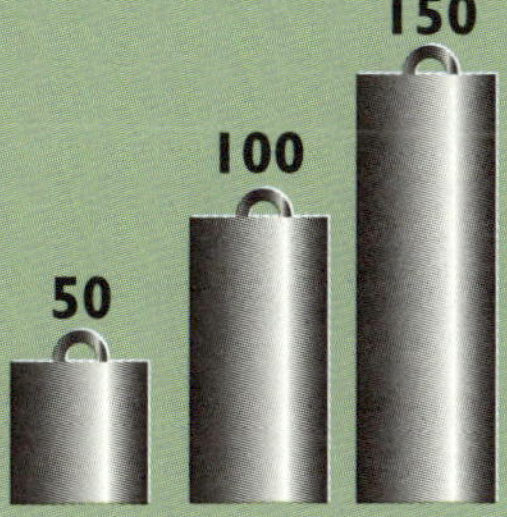

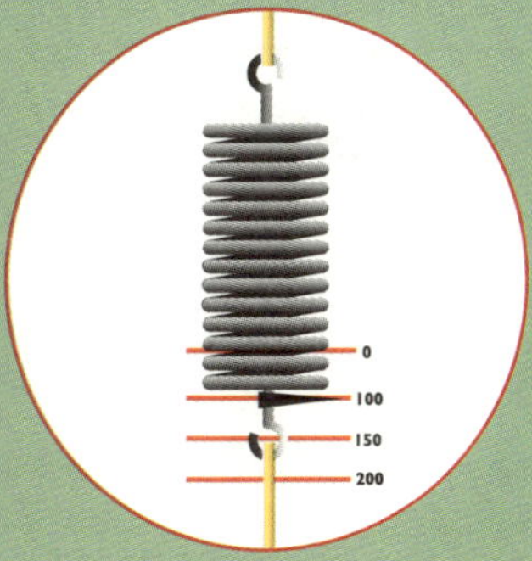

806

难度：●●●●●●●●●●
要求：👁
完成：□ 时间：________

恰好半杯

如何从一杯满到杯口的杯子里倒出恰好半杯水？

807

难度：●●●●●●●●●●
要求：👁
完成：□ 时间：________

瓶子里的苍蝇

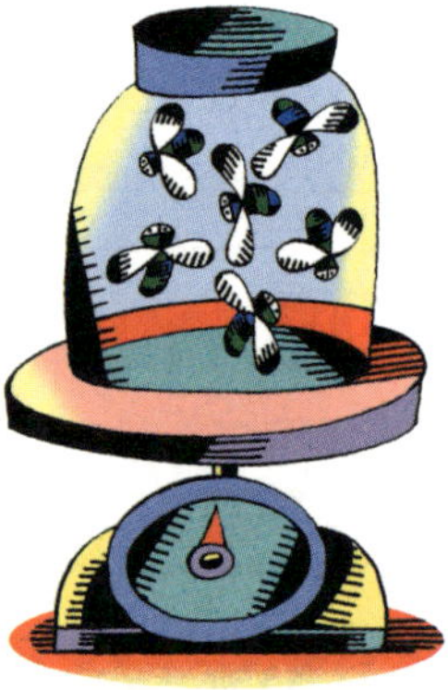

秤上放着一只装有苍蝇的密封瓶子。在什么情况下秤的读数最大，苍蝇都停在杯口时，停在杯底时还是在瓶子里乱飞时？

808

难度：●●●●●●●●●●
要求：👁
完成：□ 时间：________

瓶子的体积

一只密封得很好的瓶子里装有葡萄酒（葡萄酒不超过瓶肩的位置）。用一把普通的尺子，你能求得瓶子的体积吗？前提是不能打开或损坏瓶子。

809

难度：●●●●●●○○○○
要求：👁
完成：□ 时间：________

戒指丢了

当把9个外形完全相同、重量完全相等的包裹都封好口后，发现一只戒指掉在其中一只包裹里了。

不把所有的包裹都打开，只称两次，能确定戒指在哪只包裹里吗？

810

难度：●●●●●●○○○○
要求：👁
完成：□ 时间：________

测量地球

假设你在用一只巨大的圆规画圆，圆规的针插在地球的北极，笔端沿地球赤道画一圈。然后你保持圆规的张角不变，在一张与北极点相切的纸上画了一个与赤道平行的圆。

这第二个圆的面积与北半球的表面积相比，哪个更大？

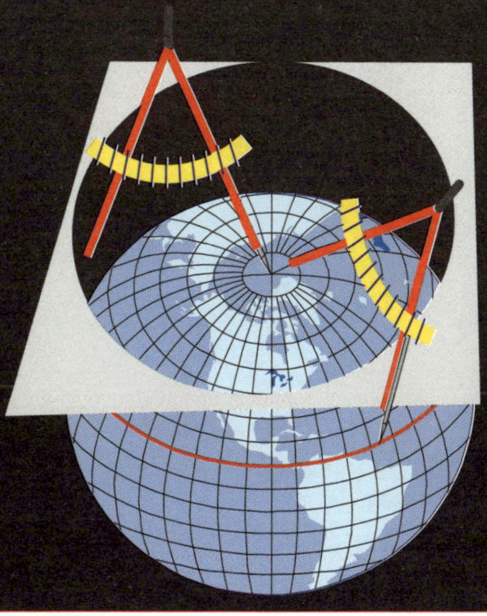

811

难度：●●●●●○○○○○
要求：👁
完成：☐ 时间：________

平衡 1

6 个相同的小球处于平衡状态，如图所示。

小球可以占据平衡板上 11 个位置中的任何一个，这些位置等距且左右对称。对称地在上面放小球就可以使之平衡，但在这九种情况下我们要尽量避免对称。

每种情况下，平衡板的右侧都放了几个小球。你能在左侧也放上小球，使之平衡吗？

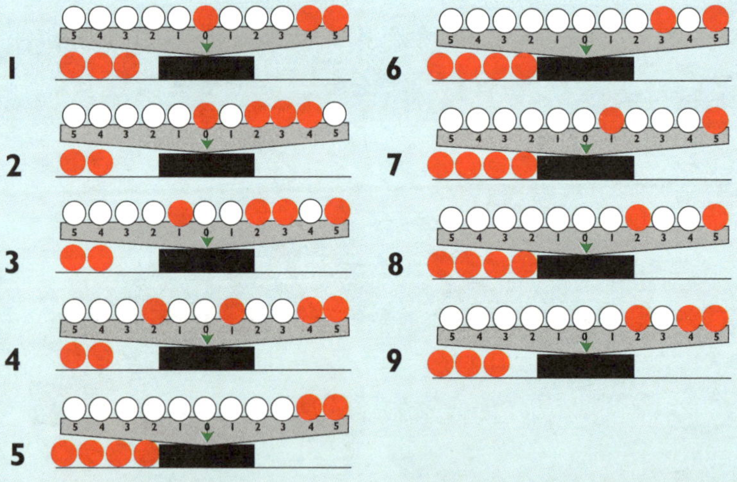

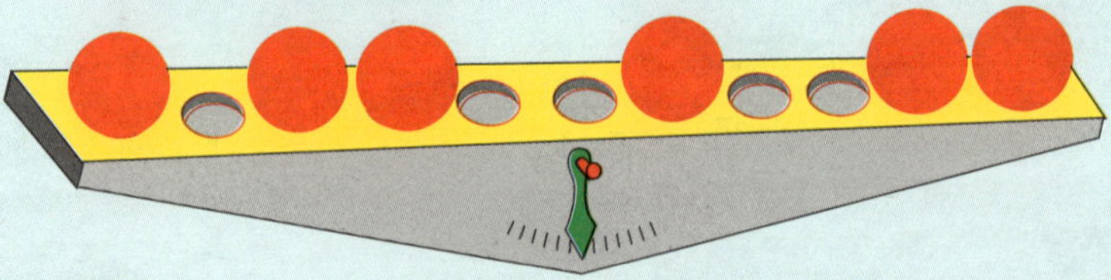

812

难度：●●●●●●●○○○○
要求：👁
完成：□ 时间：________

平衡 2

6 个小球处于平衡状态。这组球的重量分别是：绿球 1 个单位，红球 2 个单位，蓝球 4 个单位。

小球可以占据板上 11 个位置中的任何一个，这些位置等距且左右对称。对称地在上面放小球就可以使之平衡，但在这 9 种情况下我们要尽量避免对称。

每种情况下，平衡板的右侧都放了几个小球。你能在左侧也放上小球，使之平衡吗？

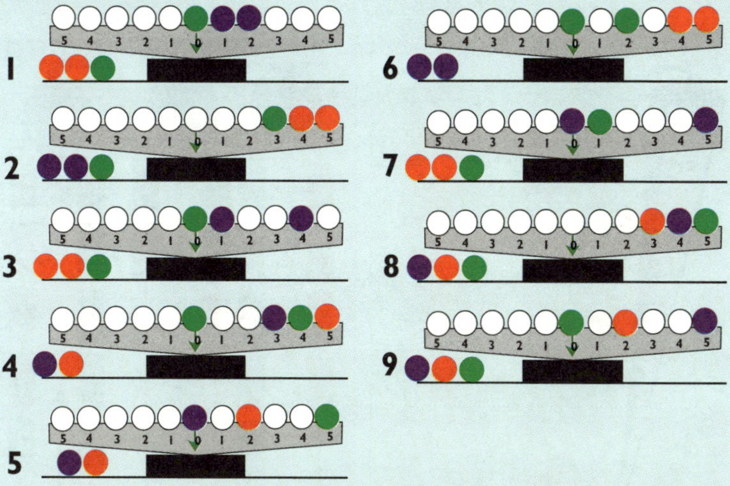

813

难度：●●●●●●○○○○
要求：👁
完成：□ 时间：________

平衡棒

质心低的物体比质心高的物体更稳。那么为什么与铅笔或其他短物体相比，把一根长棍放到手指尖上更容易平衡呢？

814

难度：●●●●●○○○○○
要求：👁
完成：□ 时间：________

更稳的一组

3 种不同的砝码挂在两个滑轮上达到平衡，如左下图所示。

同样的砝码挂在右图的滑轮上，它们会平衡吗？还是会滑向一侧？

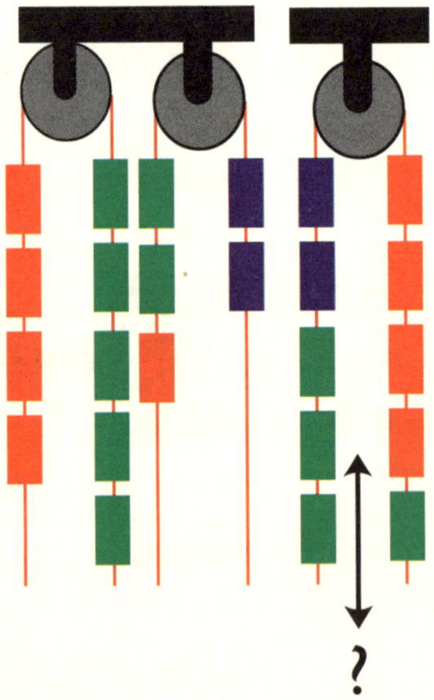

815

难度：●●●●●○○○○○
要求：👁
完成：□ 时间：________

水壶

哪个水壶可以装更多的水？

816

难度：●●●●●●●○○○
要求：👁
完成：□ 时间：________

哥伦布的鸡蛋

据说哥伦布在赤道上让鸡蛋较小的那头着地且直立了起来。好几年前，当我看到一只很巧妙的鸡蛋平衡玩具时，我想到了这个故事。挑战是重做哥伦布做过的事。但无论如何尝试，都无法让鸡蛋直立起来。摇晃鸡蛋也不能使里面的东西改变位置。而要使鸡蛋直立，唯一的办法就是照着盒子上的指示做：

1. 用手捏着鸡蛋小的那头至少 30 秒。

2. 把鸡蛋颠倒过来，再等上 10 秒。然后把鸡蛋直立，小头朝下放到桌上。

此时鸡蛋便完美地直立起来了，它大约能保持 15 秒。

从上述描述中，你知道这个鸡蛋内部的构造吗？

817

难度：●●●●●●○○○○
要求：👁
完成：□ 时间：________

五分钟煮蛋

用恰好5分钟煮一个鸡蛋，但你只有一个4分钟的沙漏计时器和一个3分钟的沙漏计时器。如何用这两个计时器算准5分钟？

818

难度：●●●●●●○○○○
要求：👁
完成：□ 时间：________

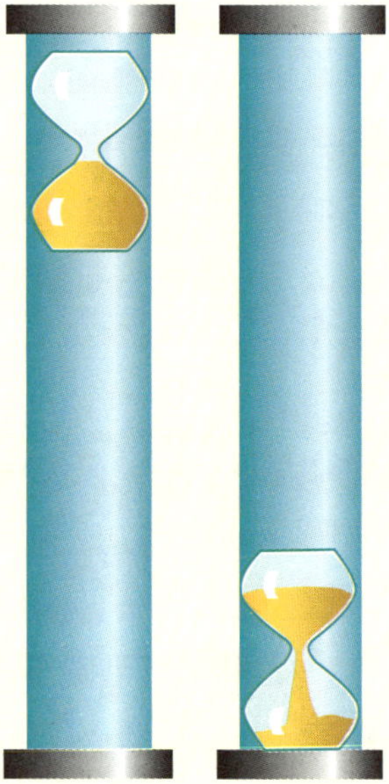

沙漏的悖论

一个密封的小沙漏浮在一个装满水的密封圆柱中。把圆柱颠倒过来后，沙漏并没有立即浮上来。它先沉在底部，直到大部分沙子都漏下后才浮到顶部。

是什么阻碍了沙漏的上浮？

819

难度：●●●●●●○○○○
要求：👁
完成：□ 时间：________

分球装置

四种大小相同、重量不同的球从斜道上滚下来，这些球滚到分类盒的斜面上。这个装置能很方便地把四种重量不同的球分开。

图中，哪里放的是最重的球？

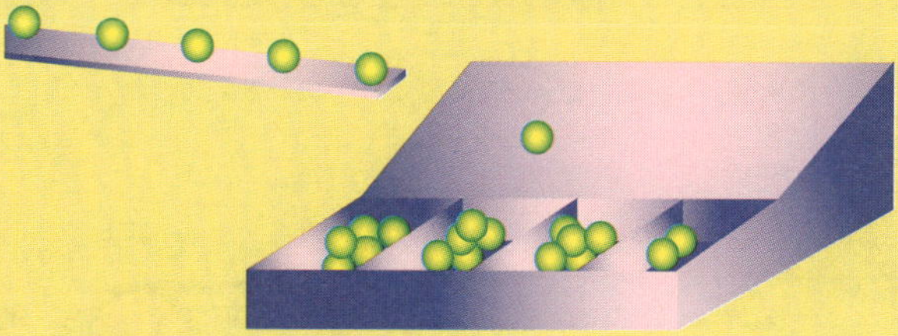

820

难度：●●○○○○○○○○
要求：👁
完成：□ 时间：________

时钟机械

红色的齿轮往哪个方向转动，才能使指针往顺时针方向转动？

821

难度：●●●●●●●●●●
要求：👁
完成：☐ 时间：________

旋紧螺钉

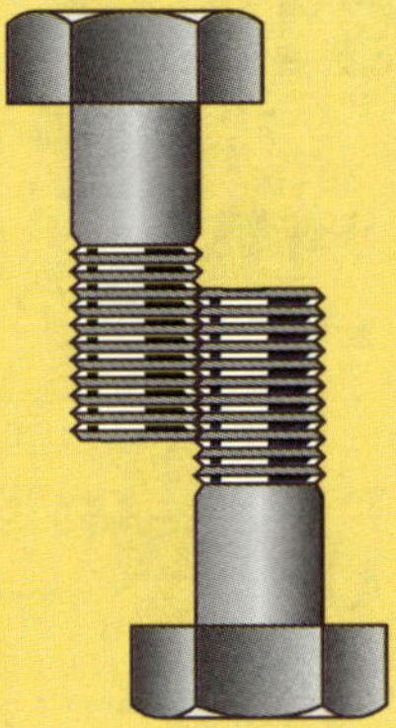

两管螺钉卡在一起，它们的螺纹都是顺时针的。一个螺钉顺时针转动，就像在旋紧；另一个逆时针转动，就像在旋松。你说这两个螺钉会越来越近还是越来越远？

822

难度：●●●●●●●●●●
要求：👁
完成：☐ 时间：________

传送带

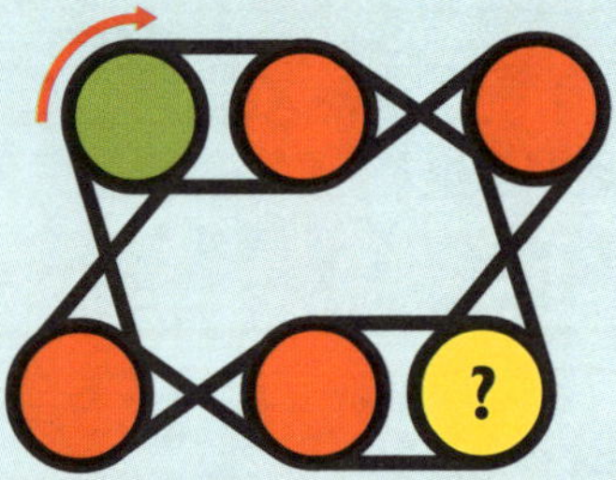

如果绿色轮顺时针转动，那么黄色轮如何转动？

823

难度：●●●●●●●●●●
要求：👁
完成：☐ 时间：________

齿轮组 1

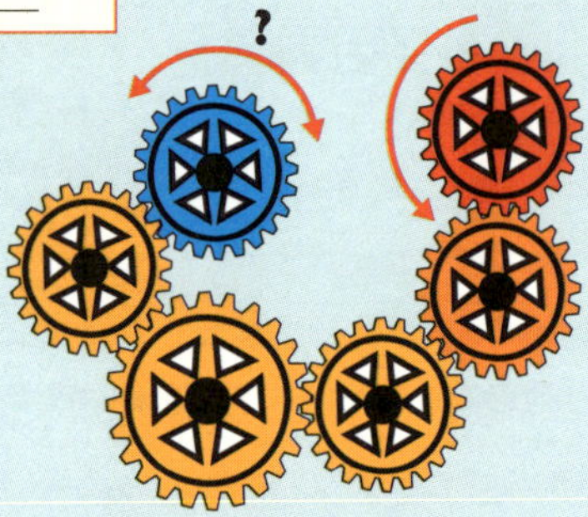

如果红色齿轮逆时针方向转动（如图），蓝色齿轮将如何转动？

824

难度：●●○○○○○○○○
要求：👁
完成：☐ 时间：________

齿轮组 2

红色齿轮逆时针方向转动，如图所示。这两根架子将往哪个方向运动，向上还是向下？

825

难度：●●●○○○○○○○
要求：👁
完成：☐ 时间：________

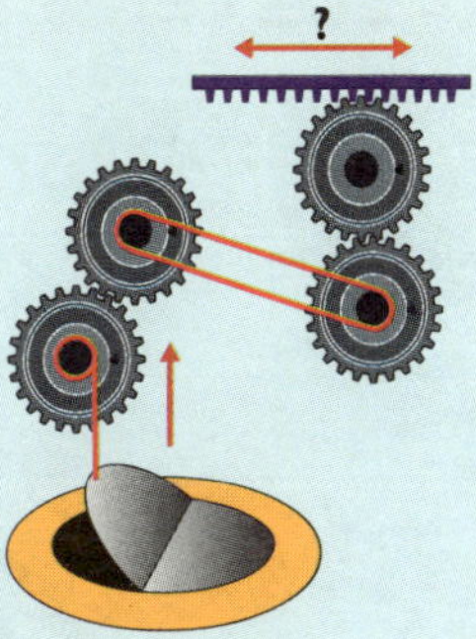

活动门

往哪边拉杆可以打开这扇活动门？

826

难度：●●●●●○○○○○
要求：👁
完成：☐ 时间：________

齿轮拼词

这 5 个互相咬合在一起的齿轮上都有字母。齿轮旁边的数字表示这个齿轮共有多少齿。转了几圈后，齿轮上的字母能从左到右排成一个有 8 个字母的单词。

转几圈后才能拼出这个隐藏着的单词？

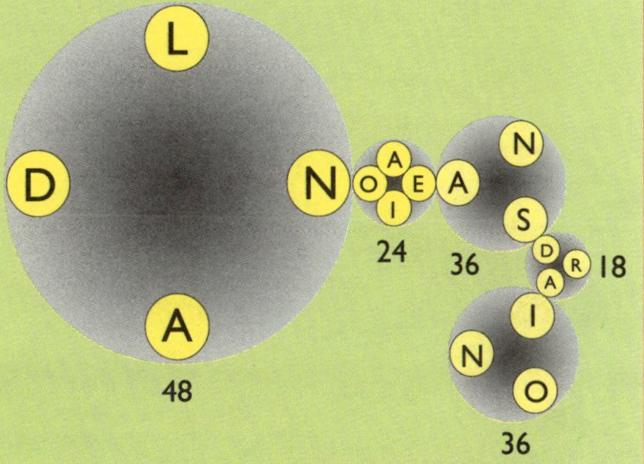

827

难度：●●●●●●○○○○
要求：👁
完成：□ 时间：________

人造卫星原理

想像你站在一个300千米高的塔上，远远高出大气层。如果此时你扔出一个飞盘，会发生什么情况？

828

难度：●●●●●●○○○○
要求：👁
完成：□ 时间：________

猴子和猎手

一个猎手举起他的消音镖枪瞄准一只猴子，动了扳机。恰恰在此时，猴子放开了它抓着的树枝往下落。不考虑空气阻力，镖能够射中猴子吗？

829

难度：●●●●●●○○○○
要求：👁 ✎
完成：☐ 时间：________

慢跑者和苍蝇

每天早晨两人都从距离 10 千米的两地开始相向慢跑，直到相遇。其中一个人刚开始跑时，他头顶上的一只苍蝇飞了起来，朝另一个人飞去。当它遇到第二个人后，马上掉头朝第一个人飞去，如此往复，直到两人相遇。

如果两个慢跑者的速度都是 5 千米 / 小时，而苍蝇的速度是 10 千米 / 小时，那么请问苍蝇一共飞了多少路程？

830

难度：●●●●●●○○○○
要求：👁 ✎
完成：☐ 时间：________

反弹 1

你已经把台球桌上的球打得只剩一个了，离胜利只差一步。为了庆祝，你想让最后一个球走一条尽可能复杂的路线落袋，就是至少在边缘反弹两次。

要找对瞄准什么地方还是挺难的。在台球桌上画上格子会有帮助，格子和边缘的交点可以帮你瞄准，方格的数目还可以帮你计算反弹的角度（打过去的角度等于反弹的角度）。

下面画的两种情况只用到了台球桌的两条边。你能找到一条路径，使台球从左下角出发，在 3 条边上反弹，最后落到左上或右上角的袋中吗？

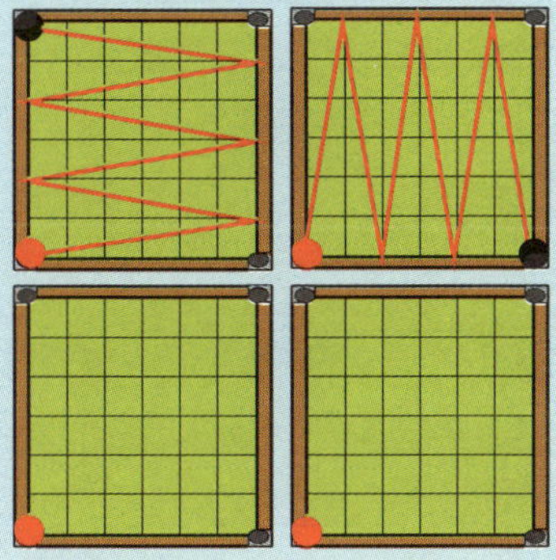

831

难度：●●●●●●○○○○
要求：👁 ✎
完成：□ 时间：________

反弹 2

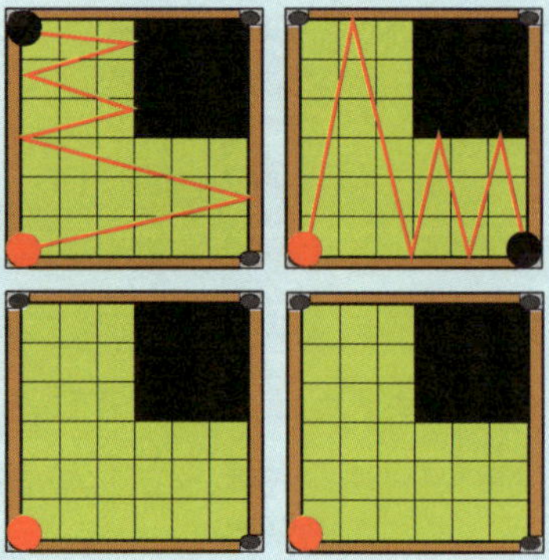

L 形的台球桌看上去很有挑战性，但要从左下角把台球打到右下角或左上角的袋中还是很简单的，前两幅图就画出了这两种情况。

但为了更有趣些，你能找一条路径使球在 6 条边上都反弹过吗？要落到左上角的袋中，球要反弹 5 次；落到右下角的袋中，球要反弹 7 次。

832

难度：●●●●●●●●○○
要求：👁 ✎
完成：□ 时间：________

反弹 3

或许你还想试试更复杂的桌子。从桌子的左下角击球，如何把球打入袋中？分别遵循下述规则：

1. 反弹 3 次，弹在不同的边上。

2. 反弹 7 次。

3. 反弹 13 次，弹在 5 条边上。

球要走过尽可能长的路径。

833

难度：●●●●●●●○○○
要求：👁 ✎
完成：□ 时间：________

反弹球

当球击到边缘后，它反弹回来的角度与它弹到边缘时的角度相同。据此，有经验的选手能在击球前就算出球走过的路径。

图中画出了一些大小不同的台球桌。你能画出从左下角以45度击出的球的路径吗？其中哪些球会落袋？

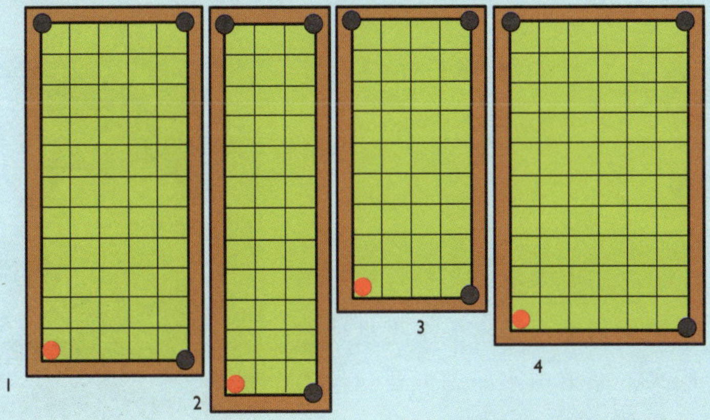

834

难度：●●●●●●○○○○
要求：👁
完成：□ 时间：________

滚动的物体

两个木轮上各自挂了一个10千克的重物。一个重物在轮的中心，另一个是个环，绕在轮的边缘。如果同时把两个木轮从斜面上滚下，哪个先到达底部？

835

难度：●●●●●●●●●●
要求：👁
完成：□ 时间：________

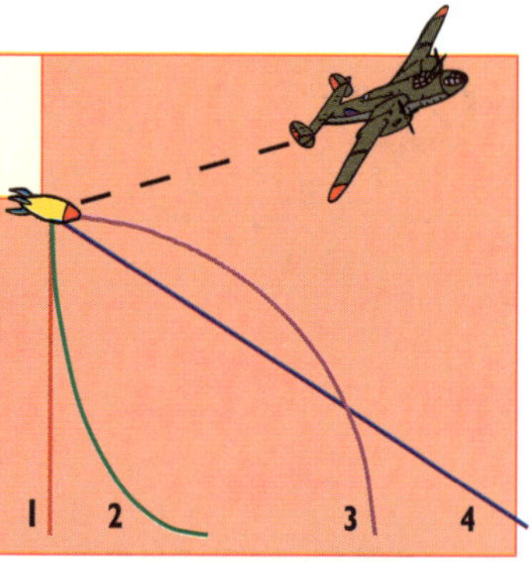

炸弹的轨迹

一颗炸弹刚从飞机上投下。你知道炸弹的轨迹是哪一条吗？

836

难度：●●●●●●●●●●
要求：👁
完成：□ 时间：________

遛狗

史密斯先生每天遛狗时都要训练他的狗彭克，扔出一个飞盘让它捡回来。如果史密斯先生要让他的狗以尽可能快的速度跑，那么他应该往哪个方向扔飞盘？

837

难度：●●●●●●●●●●
要求：👁 ✎
完成：□ 时间：________

折叠梯

一把折叠梯横放在地上，一臂由一根棍子撑起，如图所示。一个保龄球放在梯子脚的横档上，不远处固定着一个桶。在梯子轴的附近放着一个重物。你要做的事就是：拉掉棍子，让梯子臂掉下，然后保龄球恰好落在桶中。

这可能吗？物体下落的速度一样吗？

838

难度：●●●●●○○○○○
要求：
完成：☐ 时间：________

井中之蛙

一只青蛙掉到了20米深的井里。每天白天它可以沿着湿滑的井壁向上爬3米，但晚上它休息时会掉下2米。

青蛙要爬出这口井共需多少天？

839

难度：●●●●●●●○○○
要求：
完成：☐ 时间：________

放射状下降

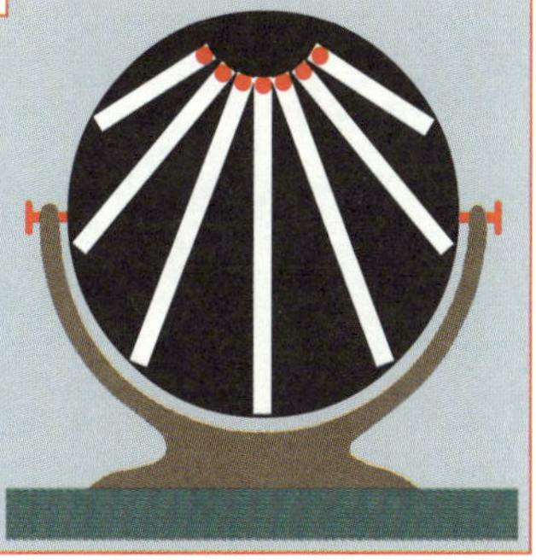

图中画出了一个伽利略发明的装置，相同的小球沿圆中不同的弦同时下落。这个装置可以转到任意角度，无论水平的还是垂直的。

哪个球最先到达圆周？

840

难度：●●●●●●○○○○
要求：
完成：☐ 时间：________

下落

一位女士从高处扔下一只瓶子，瓶子以一定速度落到地面。要使落到地面时的速度是这个速度的两倍，那么高度应该上升多少？

841

难度：●●●●●●○○○○
要求：👁
完成：□ 时间：________

耍把戏

一个体重 80 千克的小丑要拿着 3 个各重 10 千克的环过桥。但是，桥只能承受 100 千克的重量。驯兽师说如果边走边耍这些环，每时每刻都有一个环在空中，那么他就能顺利过桥。小丑照着驯兽师的话做了，桥能支撑得住吗？

842

难度：●●●●●●●○○○
要求：👁
完成：□ 时间：________

神奇的单摆

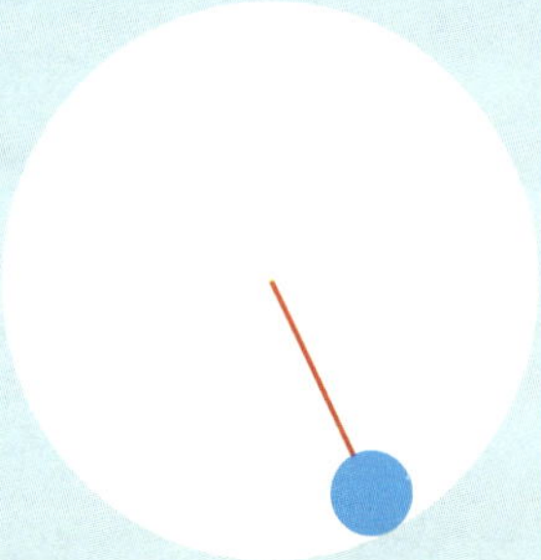

一个男孩观察着一个在平面内摆动的单摆。他戴着一副坏了的太阳眼镜，右眼的镜片掉了。你知道他会看到单摆如何运动吗？

843

难度：●●●●●●●●○○
要求：👁
完成：□ 时间：________

弹性球

一个小的弹性球和一个大的弹性球互相接触，从 1 到 2 米的高度同时下落。最后小球会发生什么情况？

844 | 难度：●●●●●●●●●● 要求：👁 完成：☐ 时间：________

傅科摆

你有可能观察到地球的自转吗？

单摆的一个重要性质是：一旦单摆开始摆动，它就能保持在这个平面内运动，直到有另一个外力作用于它。这是惯性的一种表现。

这是科学界最精彩的一个实例的基础。法国物理学家傅科应邀设计1851年巴黎博览会的科学展览。在大殿的穹窿上，傅科挂了一只由67米长的钢丝和28千克的摆锤组成的单摆。在单摆的下方，他铺了一层沙子。摆底部的针在沙子上划出单摆运动的轨迹。一小时后，沙子中划出的线移动了11.18度。

如果单摆是在同一平面内运动的，那么沙子中为什么会划出不同的轨迹呢？

845 | 难度：●●●●●●●●●● 要求：👁 完成：☐ 时间：________

奇妙单摆

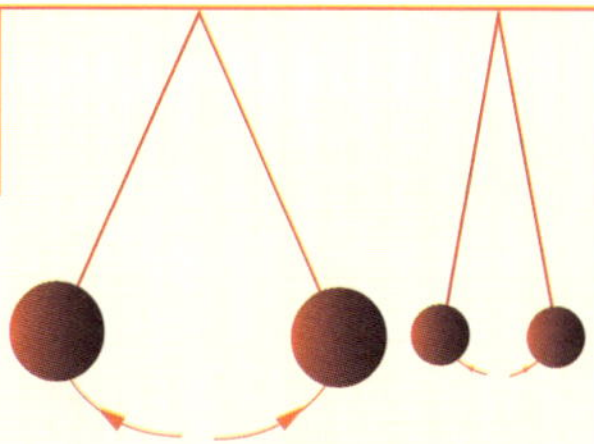

单摆一直吸引着科学家们。一个制作精良的单摆可以精确计时，可以测量引力，也可以感知相对运动。

将两个摆长相等但摆球质量不同的单摆同时释放，其中较重的那个从较高的高度释放。哪个先摆过一周？

846

难度：●●●●●●○○○○
要求：👁
完成：□ 时间：________

弹性单摆对

假设两个单摆的摆球由一弹簧相连，如图所示。如果释放其中一只单摆，会发生什么呢？两个相连的摆球最终会获得相同的能量吗？

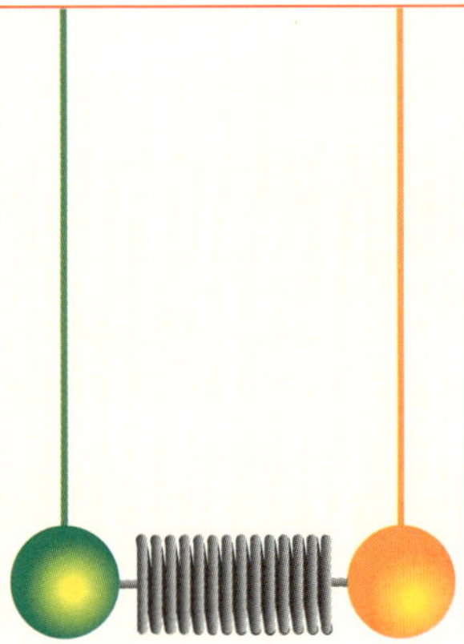

847

难度：●●●●●●●○○○
要求：👁
完成：□ 时间：________

啄木鸟

你或许见过这类玩具。开始时，啄木鸟在杆的顶端。如果把啄木鸟往后拉一段再放开，啄木鸟就会边啄杆子边慢慢下降。你能解释这个现象吗？

848

难度：●●●●●●●○○○
要求：👁
完成：□ 时间：________

旋转之物

一个系在绳上的球绕着圈转动。球的速度和加速度是否始终相同？如果绳子突然断裂，会发生什么？

849

难度：●●●●●●●●●●
要求：👁
完成：☐ 时间：________

碰撞

你肯定见过这个玩具，它有时被叫做“牛顿支架”。当你拉其一端的一个球再释放之后，会发生什么？

850

难度：●●●●●●●●●●
要求：👁
完成：☐ 时间：________

捡起弹珠

只用一个玻璃杯，你能使弹珠离开桌子吗？

851

难度：●●●●●●●●●●
要求：👁
完成：☐ 时间：________

旋转的物体

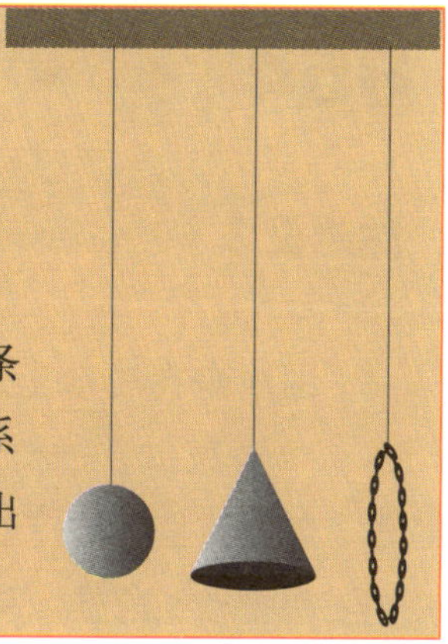

一个金属盘、一个实心圆锥和一条闭合链条挂在绳上，如图所示。它们系着的绳子这时突然快速旋转起来。推测出当绳子旋转时挂在上面的物体的位置？

852 难度：●●●●●●●●●● 要求：👁 完成：□ 时间：________

陀螺仪 1

图中坐在转椅上的男孩若手里这样拿着一个旋转着的自行车轮子，会发生什么？

853 难度：●●●●●●●●●● 要求：👁 完成：□ 时间：________

陀螺仪 2

图中坐在转椅上的男孩若手里这样拿着一个旋转着的自行车轮子，会发生什么？

854 难度：●●●●●●●●●● 要求：👁 完成：□ 时间：________

陀螺仪 3

图中坐在转椅上的男孩手里这样拿着个竖直放置的旋转着的自行车轮子。怎样让他坐的椅子向左转？是不是用右手把柄往前推，左手往后拉？

855

难度：●●●●●●○○○○
要求：◉
完成：□ 时间：________

向心力

旋转轮在表演会上很流行，比如这个旋转竖直圆柱。开始时，人们贴着圆柱内墙站着。当达到最大转速时，圆柱的底会脱落。可是，里面的人还贴在墙上。

你知道这是为什么吗？

856

难度：●●●●●●●○○○
要求：◉
完成：□ 时间：________

高尔夫球

为什么高尔夫球的表面坑坑洼洼的？

857

难度：●●●●●●●○○○
要求：◉
完成：□ 时间：________

滑冰

一个滑冰者在冰上转圈，两臂伸展。当她把双手移向胸前时会发生什么？

858

难度：●●●●○○○○○○
要求：👁
完成：□ 时间：________

转盘上的皮球游戏

两个小丑站在急速转动的转盘上，一人把一个皮球朝另一人扔去。你知道皮球的运行轨迹和最终落点吗？

859

难度：●●●●○○○○○○
要求：👁
完成：□ 时间：________

扩大的孔

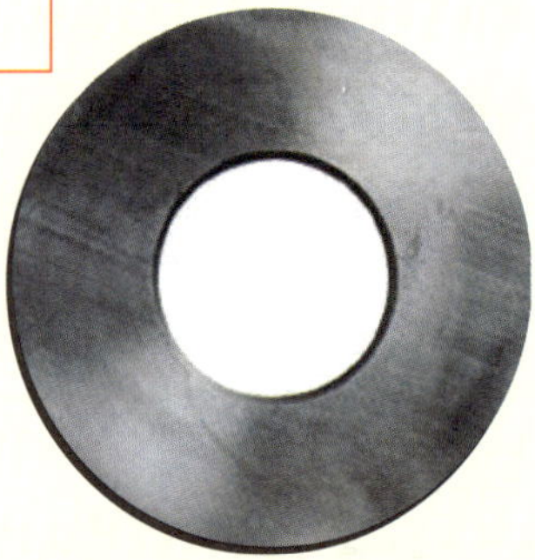

加热这个垫圈，直到其膨胀1%。其中的孔是变大、变小还是不变？

860

难度：●●●●○○○○○○
要求：👁
完成：□ 时间：________

树和树枝

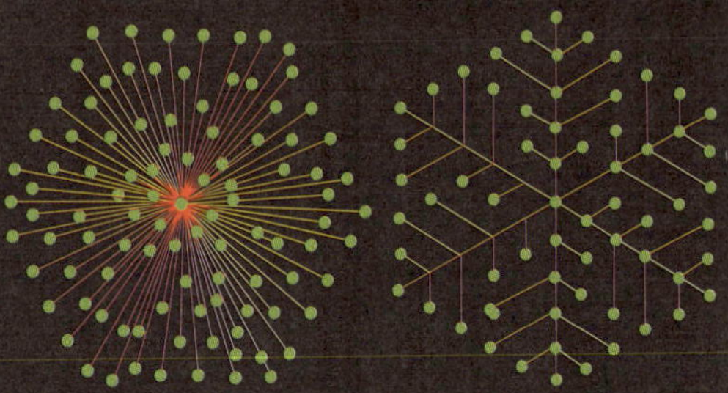

为什么树的分支呈现右图的结构而不是左图的？

861

难度：●●●●○○○○○○
要求：👁
完成：☐ 时间：________

平衡台

在许多可以动手操作的科学展览上，你会发现这种中央有转轴的平衡台。玩法是许多人站上去使其平衡。

想象一下相同重量的人站在图中画出的红色点上，哪个可以达到平衡？

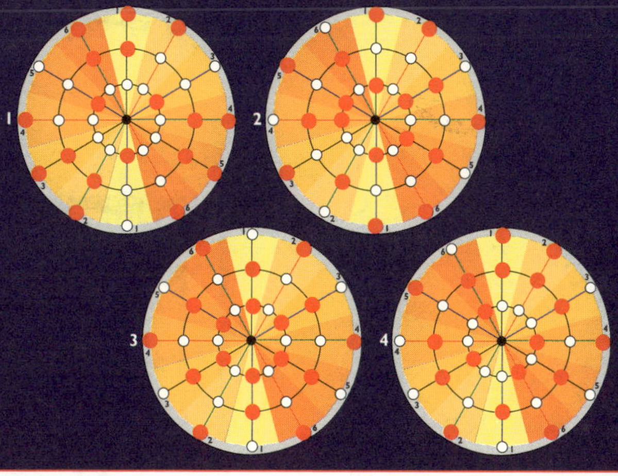

862

难度：●●●●●●●○○○
要求：👁
完成：☐ 时间：________

肥皂泡

两个大小不同的肥皂泡被吹大，如图所示。吹的时候两个泡之间的管道是不通的，然后封住吹气口，打开两个泡之间的通道。

你知道这样将会发生什么吗？两个泡会变成一样大小的吗？

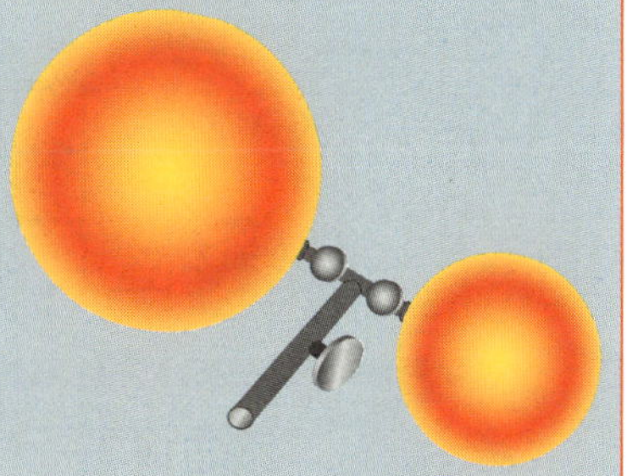

863

难度：●○○○○○○○○○
要求：👁
完成：□　时间：________

谁打了第一枪

看看侦探世界中的这一个场景：三个人每人都打了一枪。枪眼的颜色和他们帽子的颜色相同。以这些信息，你能判断出谁打了第一枪吗？按照从左到右的顺序，说出他是第几个。

864

难度：●●●○○○○○○○
要求：👁 ✎
完成：□　时间：________

裂缝通道

28个小格子组成的条可以填入一个7×4的盒子中，如图。每一列恰好放四根条。

沿着条子间的缝隙（图中黑色粗线所示），你能找到一条从右上角到左下角最短的路径吗？

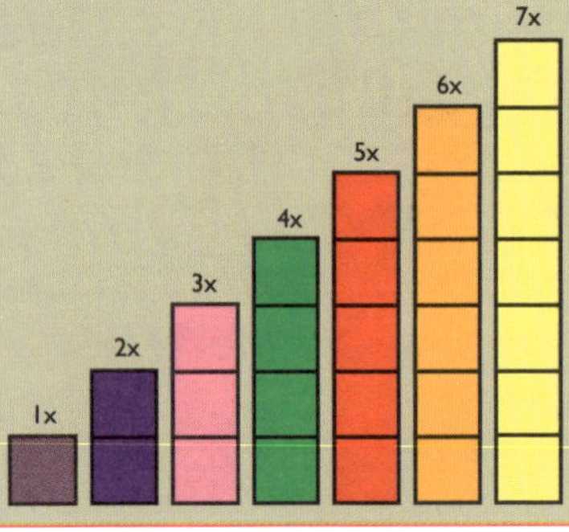

865

难度：●●●●●●○○○○
要求：👁
完成：☐ 时间：________

抵抗大气压

把一根长木条伸到桌子边缘外 10 厘米左右，然后在桌子上用几份报纸压住它。压平报纸，使它与桌面间不留空气。

然后你狠击木条在桌子外面的部分，将会发生什么情况？

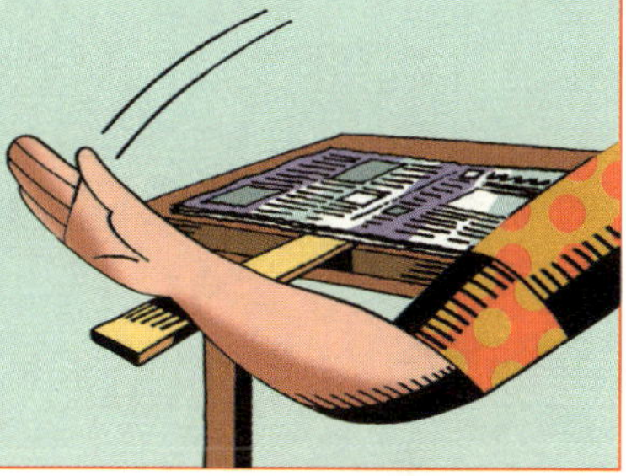

866

难度：●●●○○○○○○○
要求：👁
完成：☐ 时间：________

大气压

用力把两个塞子压到一起。你会发现要分开它们会很困难。

这个简单例子的原理和 1654 年著名的马德堡半球实验是一样的，后者首次证实大气压非常大。两个中空的铜制半球被小心地拼在一起，其中的空气被抽掉。两边各有 8 匹马拉它们，也不能把它们分开。

为什么分开两个塞子或半球会这么困难？

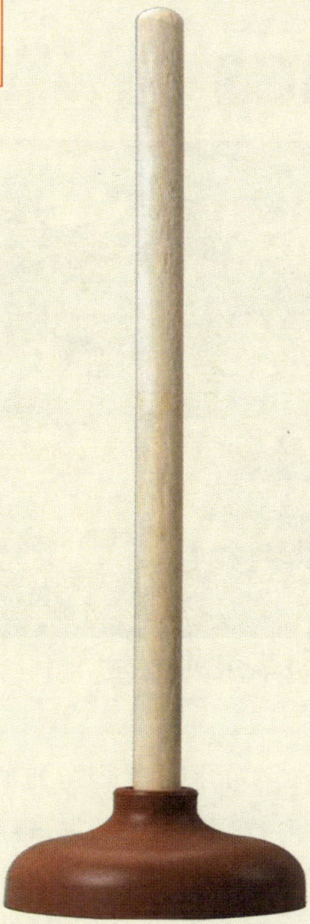

867

难度：●●●●○○○○○○
要求：👁
完成：□ 时间：________

不能充气的气球

把一只气球塞进瓶子，气球口拉出瓶口。如果现在开始往瓶子里吹气，你会发现只能吹进一部分气。气球肯定不可能充满整个瓶子的体积。

你知道这是为什么吗？

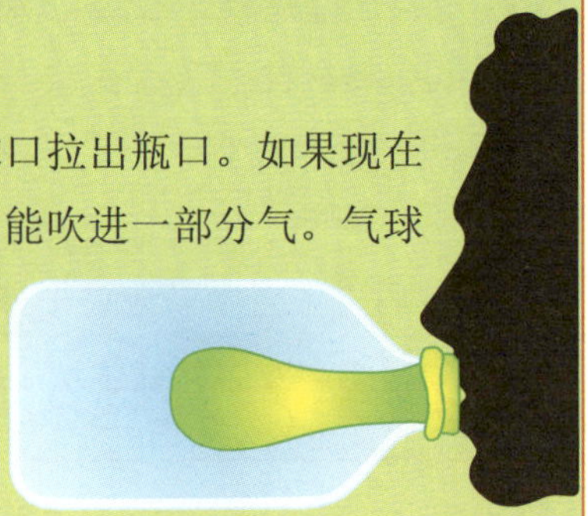

868

难度：●●●●●○○○○○
要求：👁
完成：□ 时间：________

列车边的危险

为什么当一列列车高速驶过站台时，太靠近轨道边缘非常危险？

869 难度：●●●●●○○○○○ 要求： 完成：□ 时间：________

贝努利的惊讶

两个轻质小球如图挂着，中间隔了一小段距离。如果往两个小球中间吹气，会发生什么情况？

870 难度：●●●●●●○○○○ 要求： 完成：□ 时间：________

上与下

一个掷向空中的棒球，请问它向上飞行和向下坠落哪个过程所花的时间更长？

871 难度：●●●●●●○○○○ 要求： 完成：□ 时间：________

飞机飞行

机翼上侧为什么是弧形的？

872

难度：●●●●●●●○○○
要求：👁
完成：□ 时间：________

上升的球

在静止的水和旋涡状流动的水中，一个乒乓球从杯底上升到水面的速度是不是一样的？

873

难度：●●●●●○○○○○
要求：👁 ✎
完成：□ 时间：________

U 型管

如图，把水倒入一个透明的 U 型管中。把你的大拇指放到 U 型管的一个开口上，然后小心地倾斜 U 型管，使其中的水碰到你的大拇指。然后压紧大拇指，使管的这端密封。

当你重新把 U 型管直立起来后，水面还将保持与你的大拇指接触。两侧水位不在同一水平面上，如图中画出的那样。

你能解释为什么水位前后不同吗？

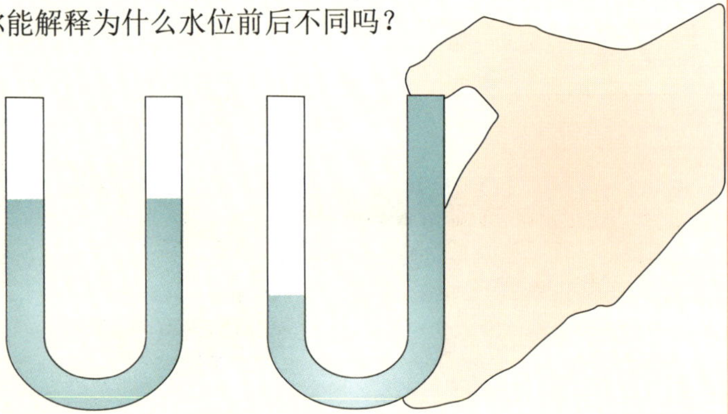

874

难度：●●●●●●●○○○
要求：👁
完成：□ 时间：________

洗澡

假设你泡在浴缸里，在玩具小鸭上压重物，看看它下沉前能有多少负重。你放上一只沉重的金属戒指，它没有下沉。然后戒指从它的背上滑下，沉到了缸底。

在戒指下沉时，水位会上升、下降还是保持不变？

875

难度：●●●●●○○○○○
要求：👁
完成：□ 时间：________

空气喷射

把一个乒乓球放进漏斗，然后把头后仰，再奋力吹一口气。乒乓球没有撞到天花板，而是在空中某个位置停了下来。你吹的力气越大，它停的位置越高。你能解释这种现象的原因吗？

876

难度：●●●●●●○○○○
要求：👁
完成：□ 时间：________

吹蜡烛

如果你往两支点燃的蜡烛之间吹气，会发生什么情况？

877 难度：●●●●●●●●●● 要求：👁 完成：□ 时间：________

航行 1

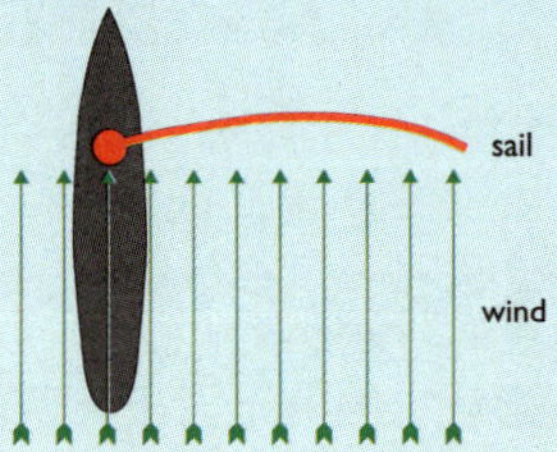

顺风航行，风速为每小时 40 千米。如果使帆和船体呈 90 度角，那你所能达到的最快速度是多少？

（图注：帆、风。下同。）

878 难度：●●●●●●●●●● 要求：👁 完成：□ 时间：________

航行 2

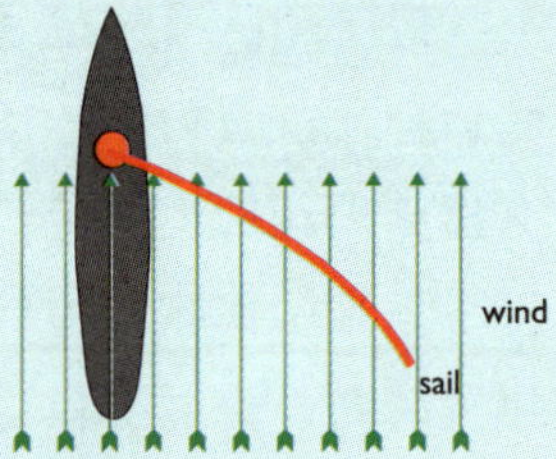

顺风航行，风速为每小时 40 千米。如果使帆和船体呈小于 90 度的角，那你所能达到的最快速度是多少？

879 难度：●●●●●●●●●● 要求：👁 完成：□ 时间：________

航行 3

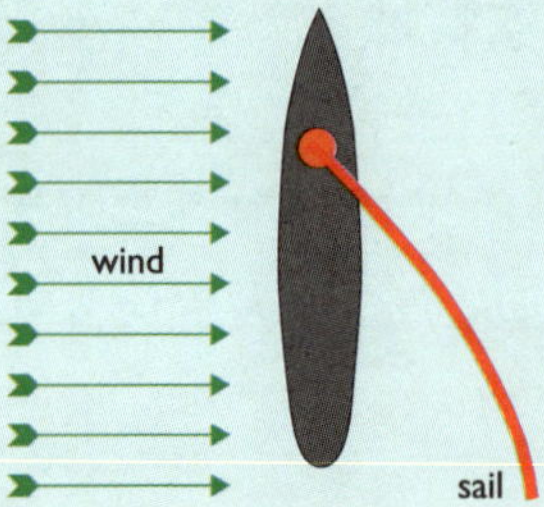

在航行时风从侧面吹来，风速为每小时 40 千米。如果使帆和船体呈小于 90 度的角，那你能达到的速度将比顺风时快还是慢？

880

难度：●●●●○○○○○○
要求：👁
完成：□ 时间：______

航行 4

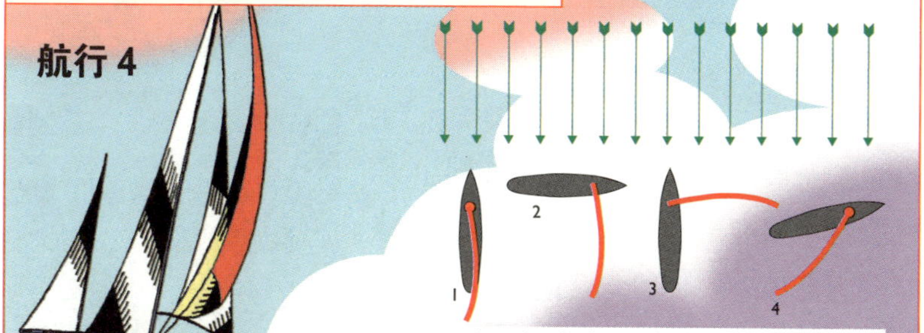

上面4条船哪条航行得最快？

881

难度：●●●●●●●○○○
要求：👁
完成：□ 时间：______

茶和牛奶

两个杯子，分别装了半杯茶和半杯牛奶。舀出一调羹牛奶装入盛茶的杯子里，再从这个杯子里舀出一调羹奶和茶的混合物装入盛牛奶的杯子。

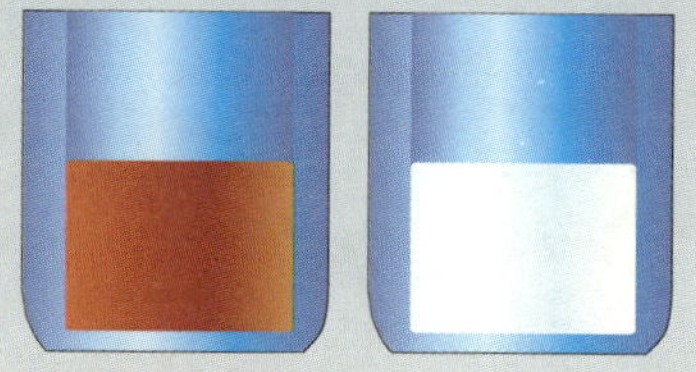

盛茶的杯子里的牛奶和盛牛奶的杯子里的茶是不是相等？

882

难度：●●●●●●○○○○
要求：👁
完成：□ 时间：______

杯子里的手指

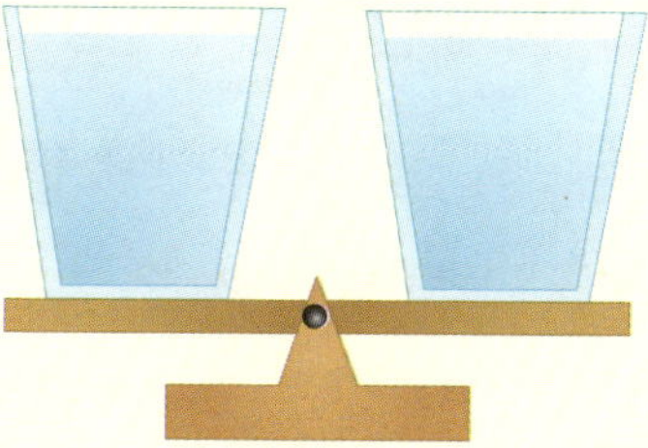

两个装有水的杯子在天平上平衡。如果你把一只手指伸进一个杯子，会发生什么情况？放手指的这边会向下倾斜吗？

883 | 难度：●●●●●●●○○○○ 要求：👁 完成：□ 时间：________

船码头

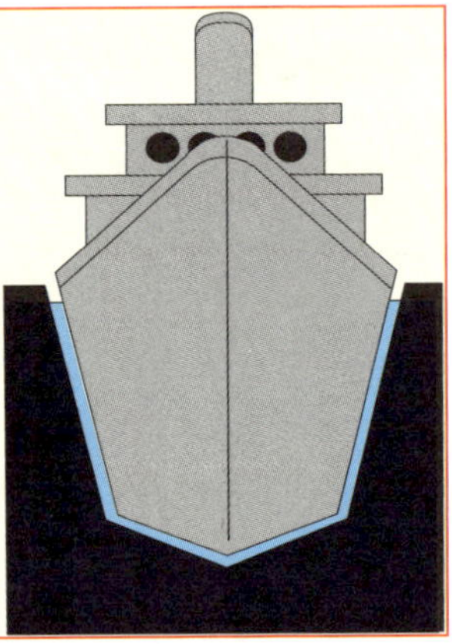

一艘船驶入一个干涸的码头，船身周围只有一点点水。船的底部会碰到河床吗？要使船身浮起至少要多少水？

884 | 难度：●●●●●●○○○○ 要求：👁 完成：□ 时间：________

小瓶潜水

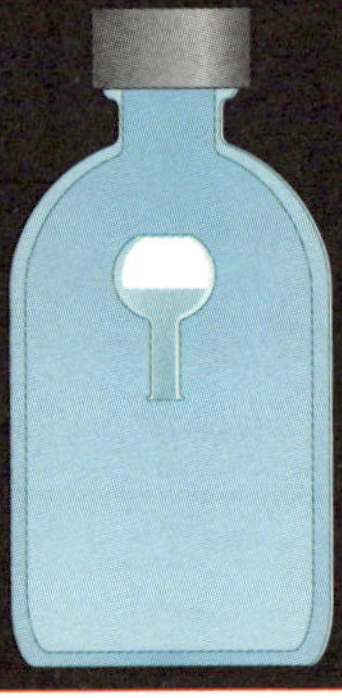

把一个大的塑料瓶灌满水，然后放入一个无盖小瓶，小瓶其中装的水能使其恰好倒立，然后把大瓶的瓶口紧紧地密封起来。

挤捏这个塑料瓶，猜猜看会发生什么情况？

885 | 难度：●●●●●○○○○○ 要求：👁 完成：□ 时间：________

玻璃杯中的软木塞

每次你都会发现软木塞会浮在贴着杯壁的地方。请想一个办法使之浮在杯子中央，但不能碰杯子或软木塞。

886

难度：●●●●●●●○○○○
要求：👁
完成：□ 时间：________

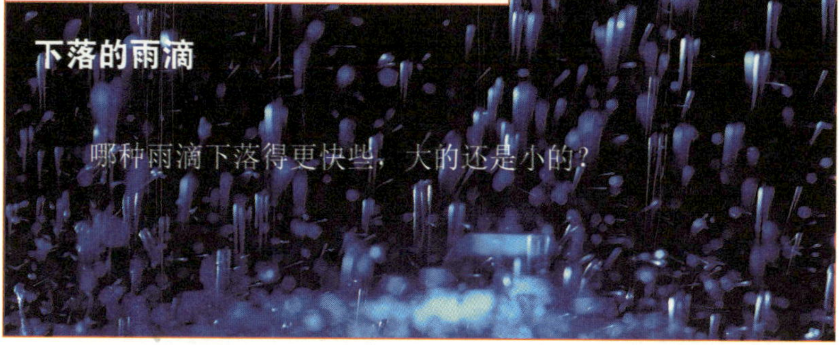

下落的雨滴

哪种雨滴下落得更快些，大的还是小的？

887

难度：●●●●●●●○○○○
要求：👁
完成：□ 时间：________

冰

浴缸里放进一块冰后，水面正好与浴缸边缘齐平。冰融化后会发生什么？

888

难度：●●●●●●●○○○○
要求：👁
完成：□ 时间：________

倒放的瓶子

你可能见过这种演示：一个装满水的瓶子瓶口盖着一张纸。当瓶子颠倒过来后，纸仍然贴着瓶口，而水不会流出来。你能说明原因吗？

889 蓄水池 1

难度：●●●●●○○○○○
要求：👁
完成：□ 时间：________

蓄水池有两个出水口用来放水，一个口在池的底部，另一个则连在靠近池顶部的位置，但出水口和先前那个在相同的水平面上。

不考虑诸如摩擦等复杂因素，哪个出水口水流的速度快一些？

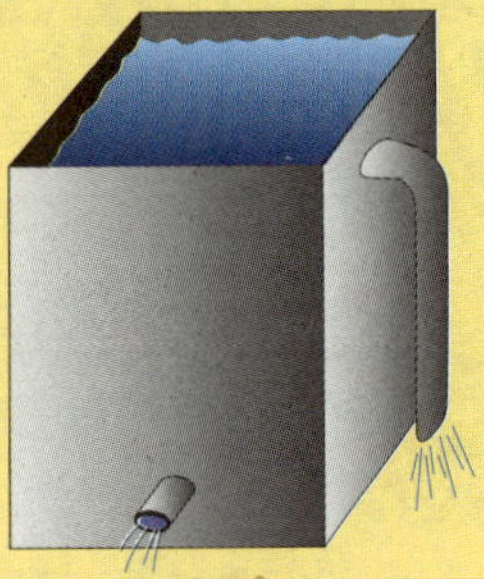

890 蓄水池 2

难度：●●●●●○○○○○
要求：👁
完成：□ 时间：________

两个蓄水池除了出水口的大小之外完全相同。一个池子的出水口直径为 6 厘米，另一个池子有三个出水口，直径各是 2 厘米。

如果你同时打开两个池子的所有出水口，哪个蓄水池的水先放完？

891 回水

难度：●●●●●●●○○○
要求：👁
完成：□ 时间：________

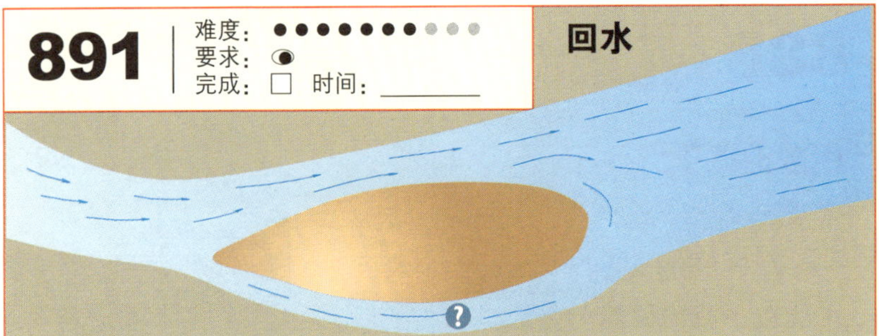

图中河的主流从左往右流动。在石块靠下的一侧，水往哪个方向流动？

892 难度：●●●●○○○○○○ 要求：👁 完成：☐ 时间：______

杯中的硬币

往一只玻璃杯注水直到水位到达玻璃杯的边缘，然后把一枚硬币滑入杯中，水不会溢出。猜猜看滑进多少枚硬币后水才会溢出？

893 难度：●●●●●○○○○○ 要求：👁 完成：☐ 时间：______

马里奥内容器

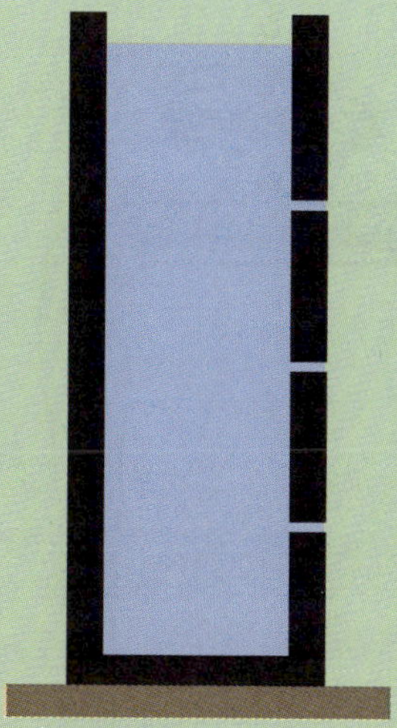

一个圆柱形容器有三个孔，位置如图所示。容器里有一喷水口不断注水，以保持容器中的水位不变。

当孔打开后，水会源源不断地从孔中流出。哪个孔中流出的水射得最远？

894

难度：●●●●○○○○○○
要求：👁
完成：□ 时间：________

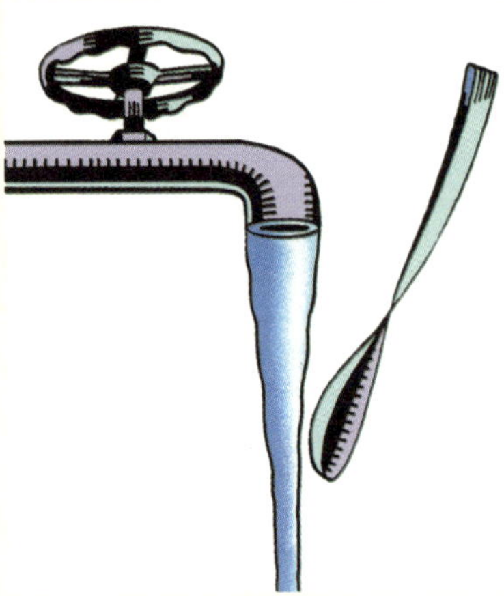

柯恩达效应

当把一把勺子贴近水注时，会发生什么情况？

895

难度：●●●●●○○○○○
要求：👁
完成：□ 时间：________

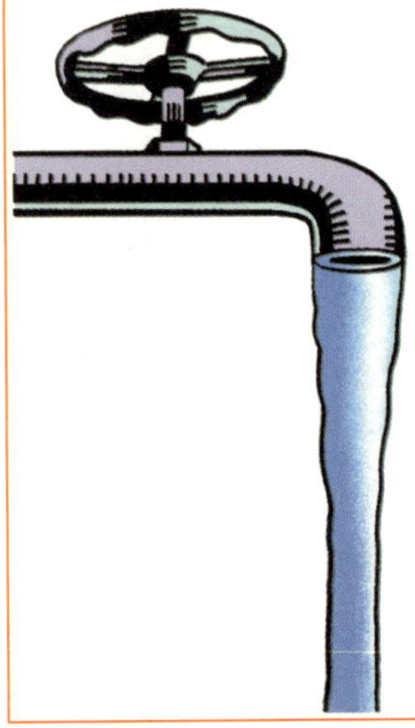

流

为什么水从水龙头流出

，水流会变细？

896

难度：●●●●●●○○○○
要求：👁
完成：□ 时间：________

音乐管

把一根有褶皱的弹性软管弯成一个圈，会发出一个声音。你能解释其中的奥秘吗？

897

难度：●●●●●●○○○○
要求：👁
完成：□ 时间：________

到河边的路

这个牛仔先要到河边饮马，然后回到大篷车边。走哪条路最短？

898

难度：●●●●●●○○○○
要求：👁
完成：□ 时间：________

消失的硬币

把一枚硬币放进水缸，使你沿水缸边缘观察时，刚好看不到它。不改变硬币的位置和你的观察点，慢慢地往水缸里注水。注多少水，才能看见硬币？

899

难度：●●●●●●○○○○
要求：👁
完成：□ 时间：________

在水中放大

如果把放大镜放到水里，能不能把这把刀放得更大呢？

900

难度：●●●●●●○○○○
要求：👁
完成：□ 时间：________

飞机的影子

一架在几千米高空飞行的飞机在地上投下一个影子。它会比飞机大还是小，或者是一样大小？

901

难度：●●●●○○○○○○
要求：👁
完成：□ 时间：________

放大的角度

一个放大镜能把物体的每个维度都放大 3 倍。你用它观察一个 15 度的角，看到的角应该有多大？

902

难度：●●●●●○○○○○
要求：👁
完成：□ 时间：________

能看到全身的镜子

要在镜子里看到全身，这面镜子至少要多高？

903

难度：●●●●●●○○○○
要求：👁
完成：□ 时间：________

镜面反射

一道通过 A 点的光线经过镜子的反射到达了 B 点。你能找到镜子上的反射点吗？

904 难度：●●●●●●○○○○ 要求：👁 ✎ 完成：□ 时间：________

镜子迷宫

这个迷宫有6个入口，每个入口都标有方向箭头。迷宫的所有墙上都由镜子覆盖，如果沿着镜子的反射走，每个入口都可以通往一个装着动物的笼子。

你能判断出哪个入口通往哪个动物吗？要求是必须沿箭头的方向走进迷宫。

905 下落

难度：●●●●●●○○○○
要求：👁
完成：□ 时间：________

相同的铅块同时落入盛有不同液体的容器中，液体的温度也各不相同，如图。在哪一种液体中，铅块落到底部最慢？

906 超级潜望镜

难度：●●●●●●●○○○
要求：👁 ✎
完成：□ 时间：________

把图中 10 面双面镜旋转 90 度，你就能从右上角的观察孔中看到左下角的灯泡。应该转动哪 10 面镜子？

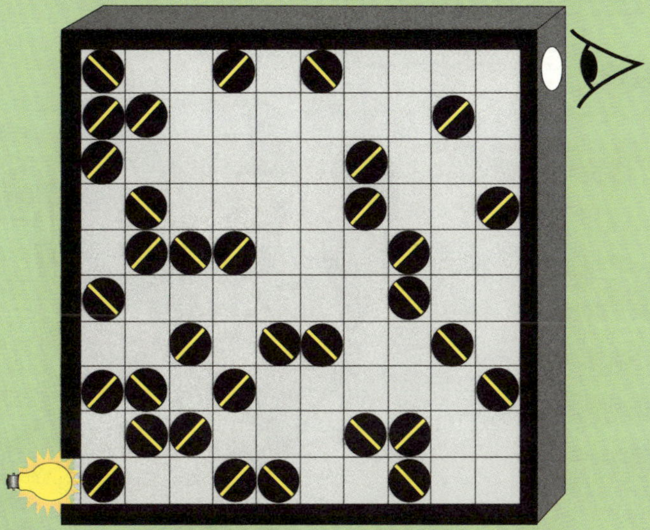

907

难度：●●●●●●●○○○
要求：👁
完成：□ 时间：________

阿基米德的镜子

镜子很常见，却又有其奇妙的一面。望远镜、光电扫描仪和魔术师使用的把助理“切”成两半的盒子，都使用了镜子。

镜子最巧妙的应用之一来自古希腊科学家阿基米德。据当时文献记载，公元前214年，阿基米德使用镜子击退了罗马船队的进攻，保卫了叙拉古。据说他用镜子汇聚了太阳光照射在那些船上，使它们都着火烧毁。这件事可信吗？

908

难度：●●●●○○○○○○
要求：👁 ✎
完成：□ 时间：________

梳妆镜

这位模特站在离梳妆镜2米的地方，手里拿着一面手镜，离她的头0.5米。她头发后面的花出现在梳妆镜里多远的位置？

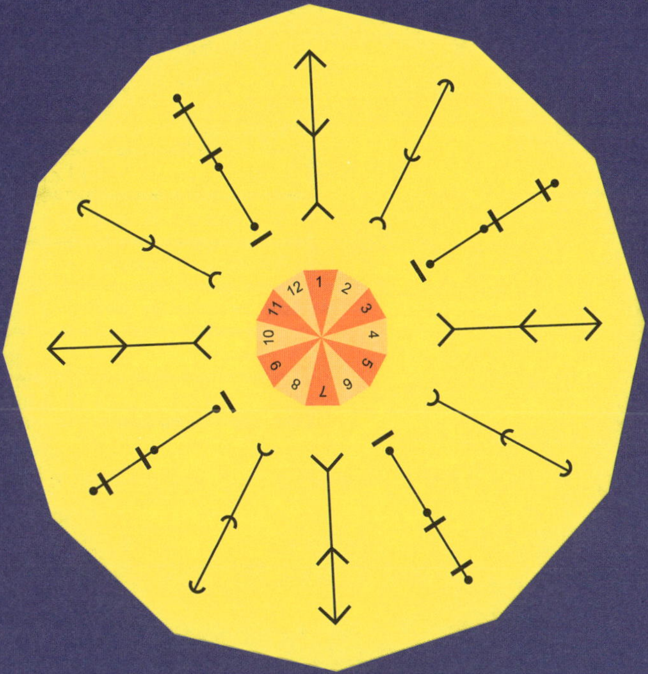

13

观察力

909

难度：●●●●●●●●●●
要求：👁 ✎
完成：☐ 时间：________

缺失的立方体

SCORE BOX

Missing Cubes	1	2	3	4	5
Cubes colored on three sides					
Cubes colored on two sides					
Cubes colored on one side					
Not colored cubes					
TOTALS					

图中画的这5个立方体都缺失了一部分。你知道它们各缺了几个小立方体吗？

有些缺失的小立方体表面涂上了红色、蓝色和绿色，而其他的则都是灰色的。你能根据小立方体的数量填好表格吗？

（表中自上而下：数量表、缺失的立方体、三面着色的立方体、两面着色的立方体、一面着色的立方体、没有着色的立方体、总计。）

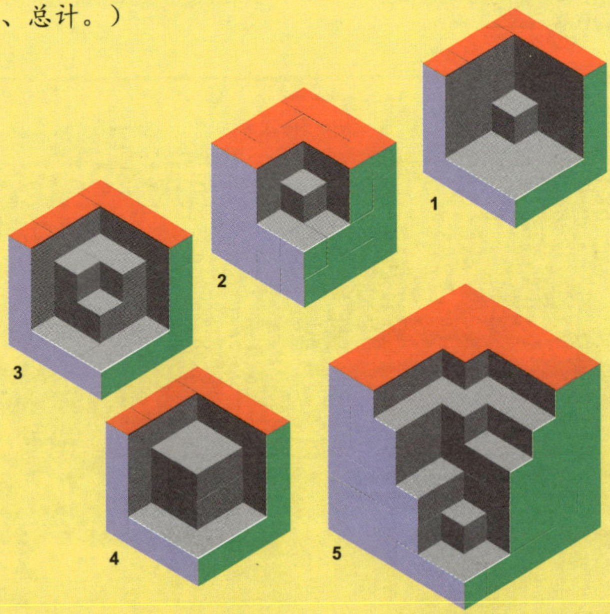

910

难度：●●●●○○○○○○
要求：👁
完成：☐ 时间：________

错放的正方形

直线可以因为背景不同而呈现不同的扭曲，其他形状和多边形也是如此。把正方形放在图中四个不同的背景图案上。在这几种情况下，正方形各会呈现哪种扭曲？它会内凹、外凸还是弯折？

911

难度：●●●●○○○○○○
要求：👁
完成：☐ 时间：________

错觉盘

这12条线段长度相等，并可以被平分成3组，一组由点分隔，一组由箭头分隔，一组由半圆分隔。在这组里，又各自有一条线段被等分。你能找出是哪一条吗？

912

难度：●●●●●○○○○○
要求：
完成：☐ 时间：________

盲点

看着这幅图，你能找到看不到这只蝴蝶的办法吗？

913

难度：●●●○○○○○○○
要求：
完成：☐ 时间：________

笼中鸟

看这幅图，你能让这只鸟进入笼子吗？

914

难度：●●●●○○○○○○
要求：
完成：☐ 时间：________

白骑士

如何把这个骑白马的黑骑士变成骑黑马的白骑士？

915

难度：●○○○○○○○○○
要求：
完成：☐ 时间：________

幻觉点

当你看这个排列好的黑色正方形时，你会看到在它们间隔的相交处有灰色的点。但当你仔细看时，又会发现有一处并没有灰色的点。你知道是哪一个吗？

916 恐怖箱

难度：●●●●●●●●●●
要求：👁
完成：☐ 时间：________

你知道哪个平面盖子盖哪个恐怖箱吗？

917 交叉线

难度：●●●●●●●●●●
要求：👁
完成：☐ 时间：________

看着这两根交叉的线，你能看出更多的线吗？

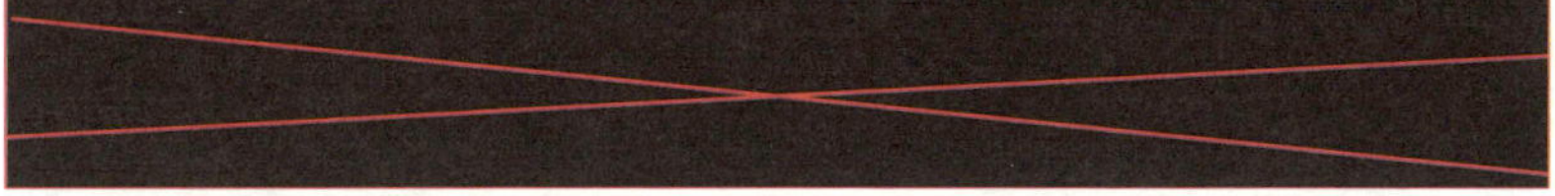

918 断桥

难度：●●●●●●●●●●
要求：👁
完成：☐ 时间：________

不弯折或剪开这张纸，你能把断桥接起来吗？

919 难度：●●●●●●●●●● 要求：
完成：□ 时间：________

侧影

图中有 3 个相同的侧影。你能把它们快速找出来？

920

难度：●●●●●●●●●●

要求：👁

完成：□ 时间：________

点描图

你知道图中画的是什么吗？

921

难度：●●●●●●●●●●

要求：👁

完成：□ 时间：________

制导炸弹

尽管有厚厚的云层，激光制导炸弹还是能精确地瞄准目标。看一眼这幅图，你能分辨出几号位置直接指向坦克吗？

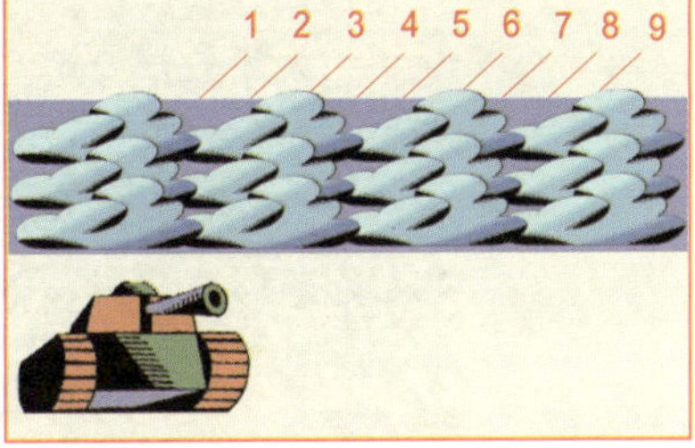

922

难度：

要求：●●●●●●●●●●

完成：👁 时间：________

少了一块

你能找到蛋糕上少了的一块吗？

923

难度：●●●○○○○○○○
要求：
完成：□ 时间：________

数码

你能判断出这些数字代表什么吗？

924 | 难度：●●●●●●●●●● 要求：👁 完成：□ 时间：________

空间中的立方体

每一种物体从不同的角度都呈现不同的形状。图中的 10 个由立方体组成的形状中，3 种形状出现了 2 次，1 种形状出现了 3 次，1 种形状出现了 1 次。

你能找出这 5 种不同的形状吗？

925

难度：●●●●●●●●●●
要求：👁
完成：☐ 时间：________

颠倒的单词

把一面镜子放在红线上。上边的那段话，单词会在镜子里从右到左倒置，这好像也没什么特别的。但下边的那段话，单词会上下颠倒。你能解释这个现象吗？

PLACE A MIRROR VERTICALLY ON THE LEFT RED LINE. WORDS IN THE TOP FRAME WILL BE REVERSED RIGHT-LEFT (BUT NOT UPSIDE-DOWN). WORDS AT THE BOTTOM FRAME ARE NOT ONLY REVERSED, BUT ALSO TURNED UPSIDE-DOWN. CAN YOU EXPLAIN WHY ?

BOOKIE EXCEEDED HIKED ICEBOX CHOKED COED BOBBED DECK BEECED COD HID BOXED DODO BOB CHOKED COCO EXCEEDED BOOKIE HIKED ICEBOX DID CHOICE BOOKED OBOE HEEDED OX HID COKE EXHOED BOOHOO DOCKED

926

难度：●●●●●●●●●●
要求：👁
完成：☐ 时间：________

里面还是外面

你知道这只苍蝇是停在盒子里面还是外面吗？

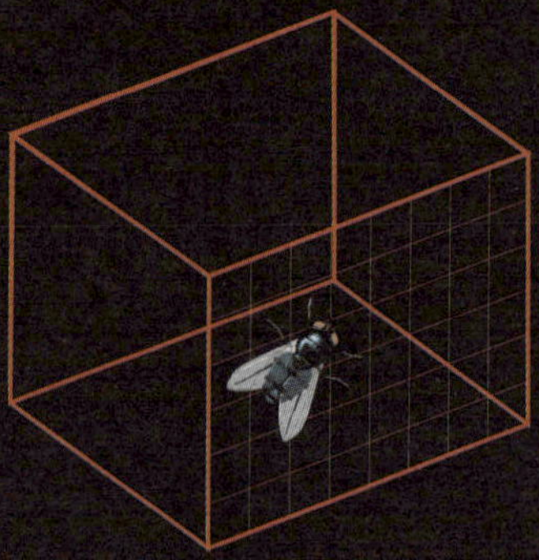

927

难度：●●●●●●●●●●
要求：👁
完成：☐ 时间：________

婚前婚后

下面是一对夫妇的结婚照。你能找出一幅反映他们几年后生活的图吗？

14

综 合

928

难度：●●●●●●○○○○
要求：👁
完成：□ 时间：________

混合图纸

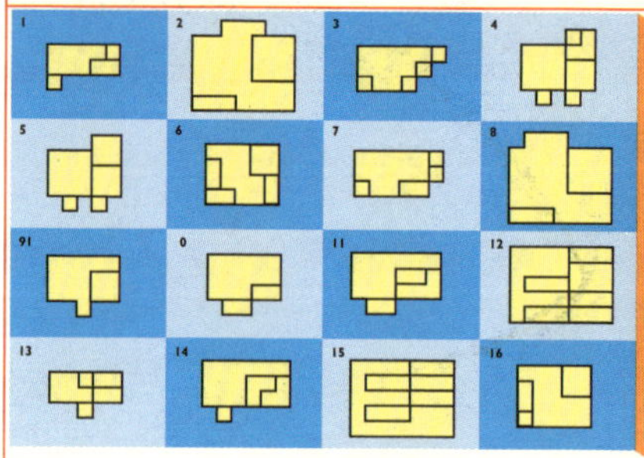

建筑师想建造右侧墙上的八幢大楼，但这些楼的正视图或俯视图都被搞混了。你能把上图中的图纸和大楼对上号吗？

929

难度：●●●●●●●○○○
要求：👁
完成：□ 时间：________

展厅布线

建筑师检查展厅电源插口的排线。展厅被分为相同的单元块，并且每两块的相交处离电源插口都不能超过三个单元块的距离。

图中是他原来的设计，用了 25 个电源插口，你能用更少的插口做到吗？

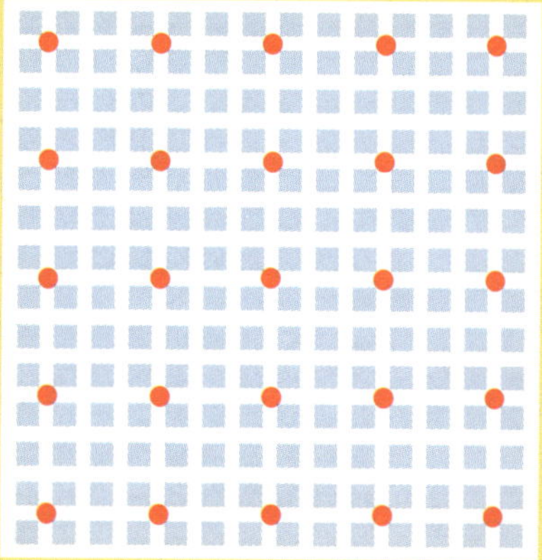

930

难度：●●●●●●●●●●
要求：👁 ✎
完成：☐ 时间：________

铁轨

A、B 两个城市间有九条互不相交的铁轨。另外一个与这两个城市不在同一直线上的城市 C 和这两个城市还没有通火车。现在要重排这九条铁轨，使城市 C 至少有两条铁路分别与城市 A、B 相连。

要求排成一组沿一个方向平行，另一组沿另一个方向平行，第三组沿第三个方向平行。你知道如何排铁轨使之交叉最少吗？

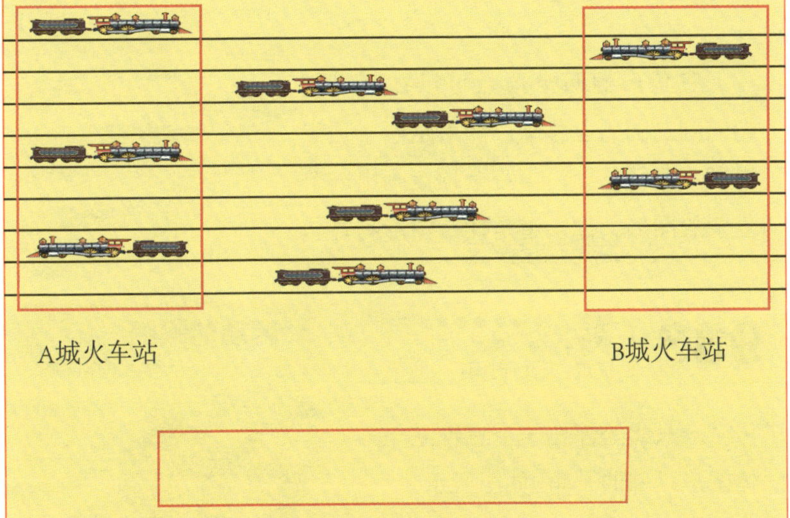

931

难度：●●●●●●●●●●
要求：👁 ✎ ✂
完成：□ 时间：________

移动的三角形 1

三角形的两个顶点可以在两个相交的圆的圆周上移动。随着这两个顶点沿着其路径移动，第三个顶点画出一个复杂的图形。你知道是什么图形吗？

932

难度：●●●●●●●●●●
要求：👁 ✎ ✂
完成：□ 时间：________

移动的三角形 2

三角形的两个顶点可以在两个相切的圆的圆周上移动。随着这两个顶点沿着其路径移动，第三个顶点画出一个复杂的图形。你知道是什么图形吗？

933

难度：●●●●●●●●●●
要求：👁 ✎
完成：□ 时间：________

爬动的蜈蚣

一只蜈蚣停在一个三维立体图形顶部的一角，如图所示。你能为它找一条路，使它经过所有的顶点，而且在每条边上最多走过一次吗？注意，并不一定要走过所有的边。

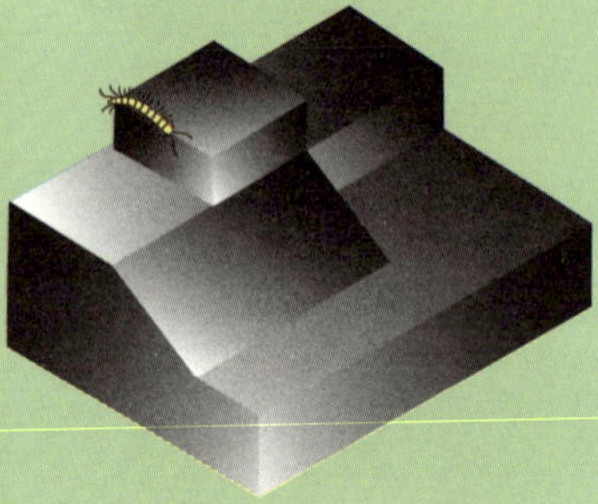

934

难度：●●●●●●●○○○
要求：
完成：□ 时间：________

分割圆

只用直尺和圆规，你能把一个圆分成面积相等的八部分吗？

935

难度：●●●●●●●●○○
要求：
完成：□ 时间：________

五盘游戏

把 5 个黄色的圆盘复制后剪下来。依次把它们放到红色的圆上，能把这个圆完全遮住吗？圆盘一旦放下，就不能再移动。

936

难度：●●●●●●●●○○
要求：
完成：□ 时间：________

九圆问题

把这 9 个红色小圆放进大圆中，使它们互不重叠，你能做到吗？可以适当放大复制，更方便一些。

937 二十面体之旅

难度：●●●●●●●○○○
要求：👁 ✎
完成：□ 时间：________

沿着一个二十面体的边找到一条路径，分别到达其 12 顶点各一次且仅一次，最后回到起始点。

对于一个三维物体来说，要想出结果比较困难。但是解决二十面体在二维平面上的等价问题就要容易一些。你能沿着黄线经过所有顶点一次且仅一次，最后回到起始点吗？

938 花园散步

难度：●●●●●●●●○○
要求：👁 ✎
完成：□ 时间：________

在这个五边形花园中散步需要遵守四个规则。第一，沿着画出的道路走；第二，必须经过各点一次且仅一次，并用数字标明你的行走顺序；第三，当你离开出发点（可以是任意一点）后，必须不断改变方向，不能沿着一条直线走；第四，每条道路最多只能走一次。

找到一条在花园中散步的路线。

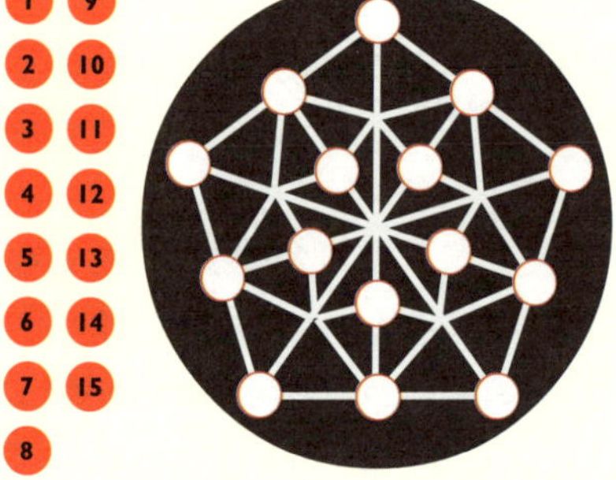

939

难度：●●●●●●●○○○
要求：👁 ✎
完成：□ 时间：________

重叠的图形

在这些重叠的图形中，外围没有被遮住的红色部分的面积和中间没有被遮住的蓝色部分的面积哪个大？

正方形	圆	等边三角形
边长：2 单位	半径：2 单位	边长：2 单位
边长：3 单位	半径：2 单位	边长：2 单位
边长：6 单位	半径：3.5 单位	边长：4 单位
边长：8 单位	半径：4.5 单位	边长：4 单位
		边长：6 单位

Squares	Circles	Equilateral Triangles
Sides: 2 units	Radius: 2 units	Sides: 2 units
Sides: 3 units	Radius: 2 units	Sides: 2 units
Sides: 6 units	Radius: 3.5 units	Sides: 4 units
Sides: 8 units	Radius: 4.5 units	Sides: 4 units
		Sides: 6 units

940 难度：●●●●○○○○○○ 要求：👁 完成：□ 时间：________

连接的电缆

一根电缆里有20根缆线，每种颜色5根。如果在黑暗中，要抓出多少根才能保证每种颜色都抓到了一根？

941 难度：●●●●●●●○○○ 要求：👁 📄 ✂ 完成：□ 时间：________

重叠三角形

3个三角形重叠形成18个部分。你能使它们重叠形成更多的部分吗？

942 难度：●●●●○○○○○○ 要求：👁 ✎ 完成：□ 时间：________

获胜的赛马

如果7匹马参加比赛，前三名可能有多少种情况？

943 难度：●●●●●●●●●●
要求：👁 📄 ✂
完成：☐ 时间：________

多边形造桥

你能用这些多边形连接角上的 4 个黑色三角形吗？多边形可以平移，但不能旋转；它们必须边边相接。黑色三角形的位置固定不动。

944

难度：●●●●●●●●○○
要求：
完成：□ 时间：________

连环锁

要打开这把锁，就要按正确顺序选出 3 个不重复的字母。如果一个窃贼随便猜一个，那么他猜中的概率是多少？

945

难度：●●●●○○○○○○
要求：
完成：□ 时间：________

折过的三角形

一个等腰直角三角形如图折叠。求折过后红色部分的面积和原来三角形的面积的关系。

946

难度：●●●●●●○○○○
要求：
完成：□ 时间：________

男孩

一个班里有 20 个男孩，其中 14 个是蓝眼睛，12 个是黑头发，11 个胖胖的，7 个高高的。其中有多少个男孩一定是蓝眼睛黑头发，而且既高又胖？

947

难度：●●●●●●●○○○
要求：
完成：□ 时间：______

汽车牌照

汽车牌照如图所示：前面 1 个字母，后面跟着 3 个数字，再跟 3 个字母。

最多能有多少个汽车牌照？

948

难度：●●●●●●○○○○
要求：
完成：□ 时间：______

遛狗

比特里斯有 6 只狗。如果她每次遛 2 只，那么总共有几种方式？

949

难度：●●●●●●●●○○
要求：
完成：□ 时间：______

魔幻方阵 1

仔细观察方阵中的数字，把它分成 8 个部分，使每个部分中数字之和相等。

9	5	7	6	2
1	3	5	8	4
8	7	■	3	2
5	2	8	6	4
4	5	6	1	9

950

难度：●●●●●●●●●○
要求：👁 ✎
完成：□ 时间：________

魔幻方阵 2

把该方阵分成 16 块，使每块中数字之和相等。任意两块中的数字不能相同，而且其和应为 34。

2	3	13	16	3	2	14	15
5	8	10	11	4	9	10	11
11	10	9	4	13	16	1	2
16	13	4	1	14	7	9	6
4	5	10	13	5	8	10	11
3	6	11	16	2	14	8	10
12	10	9	3	11	5	3	15
15	13	4	2	16	12	5	1

951

难度：●●●●●●●○○○
要求：👁 ✎
完成：□ 时间：________

给边着色

给图中的边着色，并且任意两条在节点（图中用圆圈表示）处相邻的边颜色不同。需要多少种颜色？

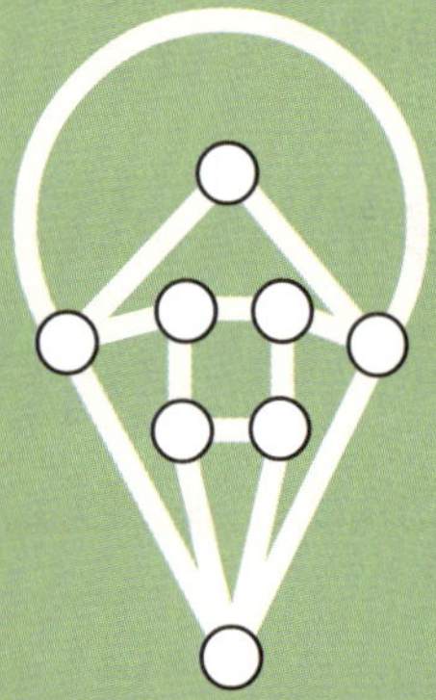

952

难度：●●●●●●●●○○
要求：👁 ✎ 📄 ✂
完成：□ 时间：________

透视中的立方体

重新排列这 25 块拼板，组成一些立方体不可旋转，其中能包括多少个立方体？

953 难度：●●●●●●●●●●
要求：👁 ✎ 📄 ✂
完成：□ 时间：________

“THE”字题

把这 16 块拼图复制剪下。你知道如何把它们拼成单词“THE”吗？

954 难度：●●●●●●●●●●
要求：👁 ✎
完成：□ 时间：________

给圆着色

右上角涂了颜色的圆有一定的涂色规律。你能找出其中的规律并给白色的圆涂上正确的颜色吗？

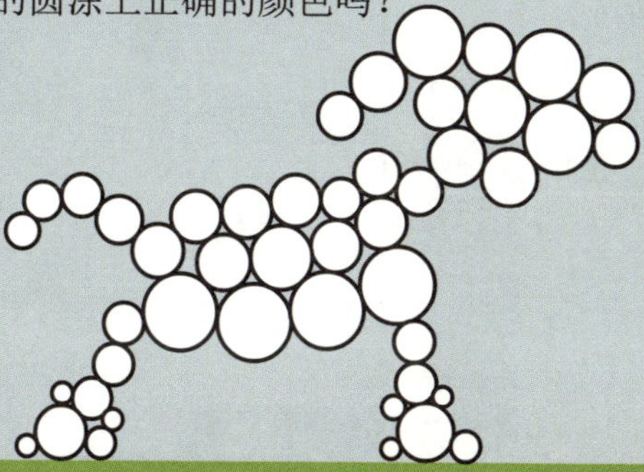

955

难度：●●●●●●●●●●
要求：👁 ✏
完成：□ 时间：________

十二面体着色

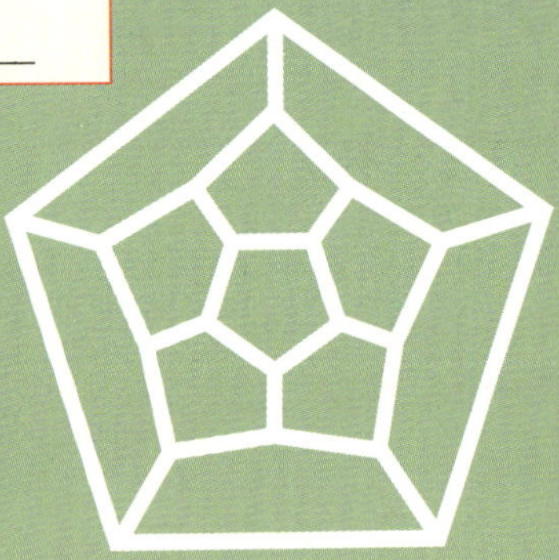

把十二面体所有的面着色，相邻的面颜色不同，共需要多少种颜色？

956

难度：●●●●●●●●●●
要求：👁 ✏
完成：□ 时间：________

铺地板

一间屋子的地板如右图所示：空白的正方形和长方形代表柱子或固定物的位置。你能用长4个单位、宽1个单位的木板铺满地面吗？

957

难度：●●●●●●●●●●
要求：👁
完成：□ 时间：________

三位数

一个玩具机器人身前能显示三位数字。其可以显示的数字只有 1、2 和 3。它总共可以显示多少数字？

958

难度：●●●●●●●●●●
要求：👁
完成：□ 时间：________

面积相等的图形

图中画出了 3 对连在一起的 1/4 圆，每对的面积和都与某一个单独的 1/4 圆的面积相等。哪一对对应哪一个？其中有什么几何性质吗？

959

难度：●●●●●●●●●
要求：👁 ✎
完成：☐ 时间：________

四个盘子上的水果

女主人有 4 个不同的水果和 4 个没有标号的盘子。你能找出她摆放所有这些水果的全部方法吗？利用下面的空白图和四支颜色不同的笔。

（水果 1：黄色，水果 2：红色，水果 3：蓝色，水果 4：绿色。）

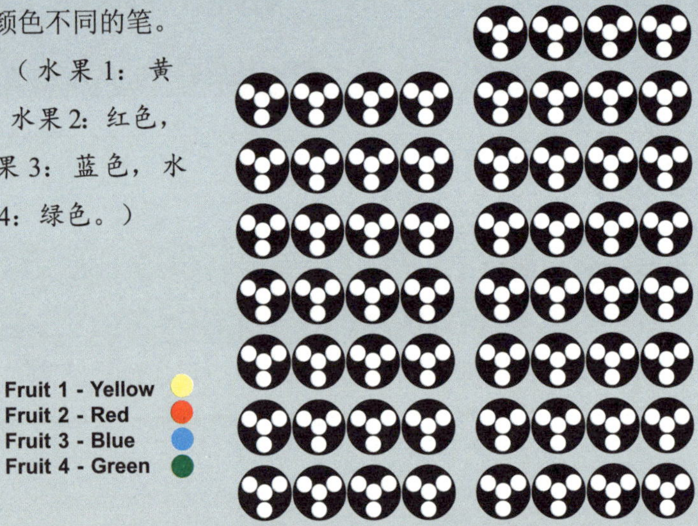

960

难度：●●●●●●●●
要求：👁 ✎ 📄 ✂
完成：☐ 时间：________

六角星

复合三角拼板是由等边三角形拼板边边相连组成的拼板。

你能用图中给出的 5 块复合三角拼板组成这个六角星吗？

961 难度：●●●●●●●●●●
要求：👁 ✎
完成：□ 时间：________

斐波那契的兔子

1202年，27岁的意大利数学家斐波那契出版了《算盘之书》。在这本具有里程碑意义的书中，他提出了下面的问题：

一对成年兔子（一公一母）每个月可以生一对小兔子，同样是一公一母。两个月后，小兔子又可以生小兔子。假设兔子不会死并且生出的每一对兔子都是一公一母，那么一年后有多少对兔子？

962 难度：●●●●●●●●●●
要求：👁 ✎ 📄 ✂
完成：□ 时间：________

六连体拼板

六连体拼板是由6块等边三角形拼板边边相接组成的整块拼板。这里有12块不同的六连体拼板，如右图所示。

在每一个列出的图形中，都画出了3块六连体拼板。你能说出剩下的9块拼板如何排列吗？

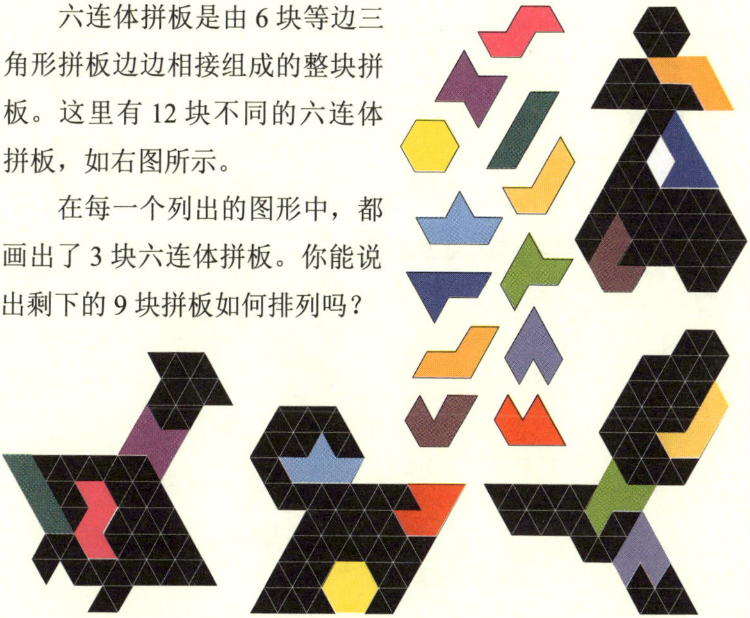

963

难度：●●●●●●●●●●

要求：👁 ✎ 📄 ✂

完成：□ 时间：________

五连体蜂窝拼板

把 5 个正六边形连在一起的所有 22 种方法都列在图中，这种组合叫做五连体六边形。

如果你一个人玩，就试着把这 22 块拼板都填入蜂窝格（共 110 格）。

如果你和一个朋友一起玩，便可以轮流把拼板填入蜂窝格中，能填入最后一块的人获胜。

964

难度：●●●●●●●○○○
要求：
完成：□ 时间：________

求和游戏

例	
第一栏	第二栏
1	3
2	5
4	6
7	

这是个二人游戏。游戏者轮流把数字（从 1 开始）填入两栏中，但在此栏中后填入的数字不能等于已填入的任意两个数字之和。在此例中玩家 2 应该填入 8，但他不能那么做，因为在第一栏里有 1 和 7，而第二栏里有 3 和 5。填入最后一个数字的人获胜。

你能为玩家 2 设计一条策略，无论玩家 1 如何填数字，玩家 2 都能获胜吗？你知道这个游戏最多能填多少数字吗？

965

难度：●●●●●●●○○○
要求：
完成：□ 时间：________

数学蜂窝

把数字 1 到 9 填入此蜂窝图形，使每个蜂窝格周围数字之和是其整数倍。比如，如果一个蜂窝格里的数字是 5，那它周围的数字之和必须是 5、10、15、25 等。

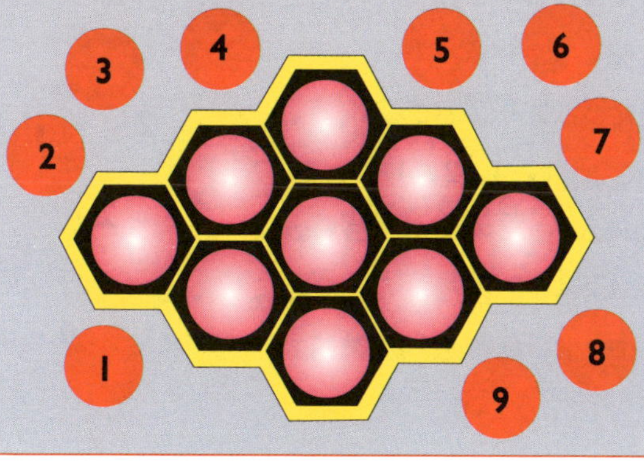

966 士兵方队

难度：●●●●●●●●●●●
要求：👁 ✎
完成：□ 时间：________

这 11 个方队（用绿色正方形表示）中的每一个都由数量相同的士兵组成。如果算上将军，就可以组成一个大的方队。

你知道原来的方队里最少要有多少士兵吗？总共有多少个士兵呢（包括将军）？

967 冰雹数列

难度：●●●●●●●●●●●
要求：👁 ✎
完成：□ 时间：________

随便想一个数。如果它是奇数，则把它乘以 3 再加 1。如果它是偶数，则把它除以 2。对每一个新产生的数都运用这个规则计算。你知道会发生什么情况吗？

想的是 1，你将得到：1、4、2、1、4、2、1、4、2 等。

想的是 2，你得到：2、1、4、2、1、4、2、1、4 等。

想的是 3，你得到：3、10、5、16、8、4、2、1、4、2、1 等。

很快你就会发现上述数列最终都会以 1、4、2 循环下去，但是不是任何一个数都会有这种特性呢？你可以用 7 试试。

968 难度：●●●●●●●●●●
要求：👁 ✎
完成：□ 时间：________

方块套方块

把一个蓝色正方形平均分成9个小正方形，中间的一个涂上黄色。把剩下的8个蓝色小正方形再分别分成9个正方形，同样把它们中间的那个涂上黄色。如果不断进行下去，你知道最终黄色正方形的面积总共占原来蓝色正方形面积的多少吗？

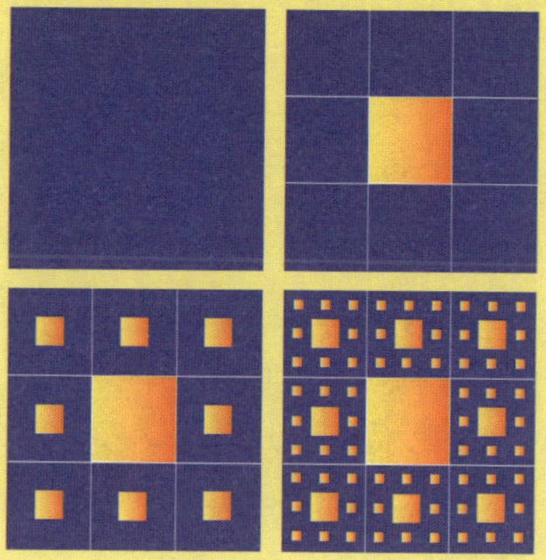

969 难度：●●●●●●●●●●
要求：👁 ✎
完成：□ 时间：________

最大悬空

9块长为1米的相同的木板叠成一堆，最下面的那块用钉子钉在地面上。移动其他8块木板，使其中每块都有一部分悬空，但不能倒塌。这些木板能搭到1.4米远的平台，让老鼠吃到上面的奶酪吗？

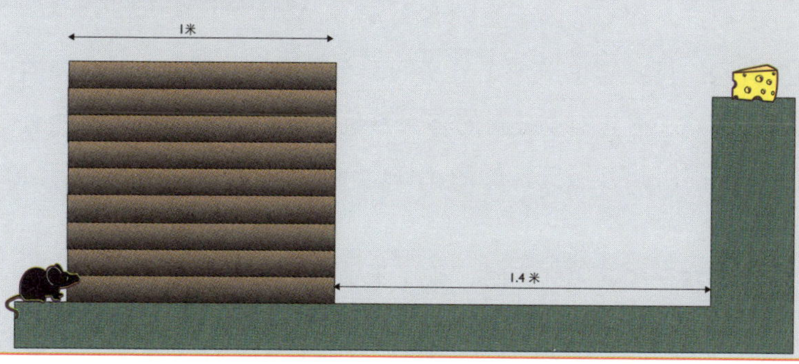

970

难度：●●●●●●●●●●
要求：👁
完成：☐ 时间：________

公主的婚事

国王有两个女儿，总是说真话的阿米丽雅和总是说假话的蕾拉。其中一个女儿已经结婚了，但国王一直没有公开这门婚事，就连是哪个女儿结婚了也还是秘密。

为了给另一个女儿也找到合适的丈夫，国王举行了一场比赛，胜者可以说出他希望娶的公主的名字。如果公主是单身，那第二天他们就能成婚。胜者可以向某一个公主问一个问题，但问题不能超过五个字。而且大家也并不知道哪个公主叫什么名字。胜者该问什么问题？

971

难度：●●●●●●●●●●
要求：👁
完成：☐ 时间：________

无穷旅馆

你是一个无穷旅馆的经理，你的旅馆有无穷多个房间。无论旅馆有多拥挤，你都能给新来的客人安排房间：只要简单地把 1 号房间的客人移到 2 号，2 号房间的客人移到 3 号，3 号房间的客人移到 4 号，依次类推。把所有的客人都用此方法安置好后，你就可以把新来的客人安排在 1 号房间。

当你正打算去休假时，来了无穷多的前来开会的客人。你已经有了无穷多的客人，现在要怎么安排这批新客人呢？

972

难度：●●●●●●●●●○○
要求：👁
完成：☐ 时间：________

真话城

你正向真话城进发，这个城里的人都说真话。你来到一个岔道，一边通往真话城，一边通往假话城（城里的人都说假话）。指示牌很难看明白，路口站着一个人，你可以向他问路。问题是，你不知道他从哪个城市来的，是从说真话的城市还是从说假话的城市。

只能问他一个问题，那问什么问题能保证走对方向吗？

973

难度：●●●●●●●●●●
要求：👁 ✎
完成：☐ 时间：________

素数幻方

有没有这样的幻方：其中的数字要么是素数，要么是1？英国游戏发明家亨利·欧内斯特·杜德尼最早构造出这样一个幻方，用了数字1、7、13、31、37、43、61、67和73。你能把它们填入3×3的正方形，使之构成幻方吗？

974

难度：●●●●●●●●●●
要求：👁
完成：☐ 时间：________

猜棋子

把 5 个棋子（国王、王后、象、马和车）放到棋盘上。这些棋子都要放在标有红色标记的棋盘格上，而且必须恰有两个棋子可以直接攻击标有“2”的格子。

你能放入这些棋子吗？

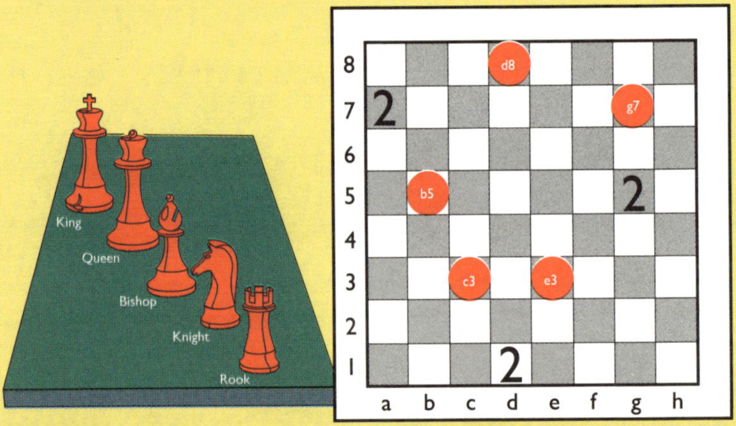

975

难度：●●●●●●●●●●
要求：👁 ✎
完成：☐ 时间：________

真话、假话和不真不假的话

A 城市中有三种人：一种专说真话，一种专说假话，一种时而说真话时而说假话。如果你在街上遇到一个当地居民，并且可以问他两个问题，你要问什么问题才能确定他是哪一种人？

976

难度：●●●●●●●○○○
要求：👁
完成：□ 时间：________

三个骰子

你能看到3个骰子中每一个的3个面，总共9个面。如果你所看到的每个骰子的点数和都不同，但它们加起来是40点，那你能知道你看到的每个面上的点数各是多少吗？

977

难度：●●●●○○○○○○
要求：👁
完成：□ 时间：________

数字母

读下面这句话：

Finished files are the result of years of scientific study combined with the experience of years.

现在，请再读一遍，读的时候数一数，其中共出现了多少个“f”。

978

难度：●●●●●●●●●●
要求：👁 ✎
完成：□ 时间：________

掷硬币游戏

两个男孩在玩掷硬币游戏：他们轮流掷一枚硬币，谁掷到正面朝上谁就获胜。如果不在硬币上做手脚，你能为其中一人创造获胜的优势吗？

979

难度：●●●●●●●●●●
要求：👁 ✎
完成：□ 时间：________

盒子里的球

一个女孩随机往 4 个盒子里扔 4 个球，每个盒子恰有一只球的概率是多少？

980 转盘游戏

难度：●●●●●●●○○○
要求：
完成：□ 时间：________

谁转到的数字大谁获胜。你和你的对手可以在三个转盘中选择一个转数字。第一个转盘上只有数字 3。第二个转盘 56% 的面积是 2，22% 是 4，还有 22% 是 6。第三个转盘 51% 的面积是 1，49% 是 5。

你觉得应该选哪一个转盘呢？

981 非传递性骰子

难度：●●●●●●●●○○
要求：
完成：□ 时间：________

数学上传递性的概念是：如果 A>B，同时 B>C，那么 A>C。但有一些游戏打破了这种逻辑。一个很普通的非传递性游戏就是“剪刀、石头、布”，体现一种循环的规律：剪刀剪布，布包石头，石头砸剪刀。

图中画的这组特殊的骰子也体现一种非传递性的逻辑。两个人玩这个游戏，对手先选，无论他选哪个，你都能找到一个骰子使你有优势。你知道是哪个吗？

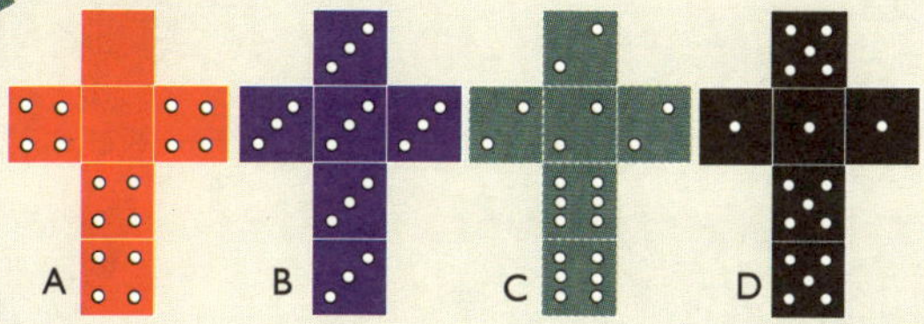

982

难度：●●●●●●●●●●
要求：
完成：□ 时间：________

穿过自己的带子

这条带子自己穿过自己，如图所示。如果沿着红线把它们剪开，会发生什么情况？

983

难度：●●●●●●●●●●
要求：
完成：□ 时间：________

交叉环

此图由两根闭合的环组成：一个莫比乌斯环和一个普通的环。如果沿着红线把它剪开，会变成什么？

984

难度：●●●●●○○○○○
要求：👁 ✏
完成：□ 时间：________

串在一起吗

如何把下图中的纸带分开而不剪断它们？

985

难度：●●●●●●○○○○
要求：👁 ✏
完成：□ 时间：________

连接

把闭合的白线分成16个部分，每个都分别用不同颜色画出。分开的部分可能与连在一起时方向不同，互不重叠。在白线上涂上与这些分开部分相同的颜色。

986 难度：●●●●●●●○○○○ 要求：👁 ✎ 📄 ✂ 完成：□ 时间：________

行星间的战争

假设你是外星人领袖，正在抵抗侵略者。你所在的星系中，各行星都由引力线联系在一起。你需要保持你的飞船不断地从一个行星飞行到另一个行星，但不能落入引力陷阱，否则就再也逃不出来了。

二人游戏。每人有5条飞船，可以轮流把它们放在任意一个行星上，但每个行星在某一时刻只能停一条飞船。当放好所有的飞船后，玩家轮流沿着引力线移动他们的飞船，飞船必须沿着引力线上的箭头所指方向移动。如果所有的箭头都指向该飞船所在的行星，那么该飞船就再也不能动了。谁的飞船全部不能移动了，那他就输了。

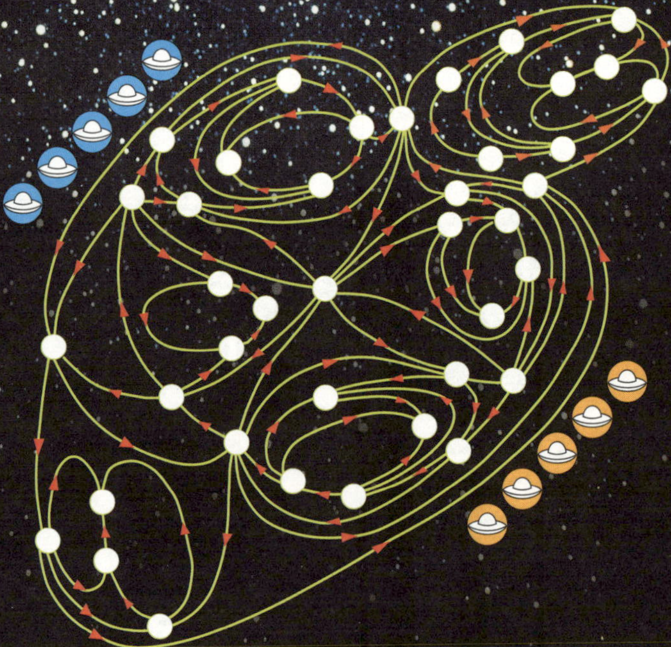

987

难度：●●●●●●●●●●
要求：👁 ✎
完成：□ 时间：________

立方体中的三角形

随机从立方体中选3个顶点。你能算出它们构成直角三角形的概率吗？

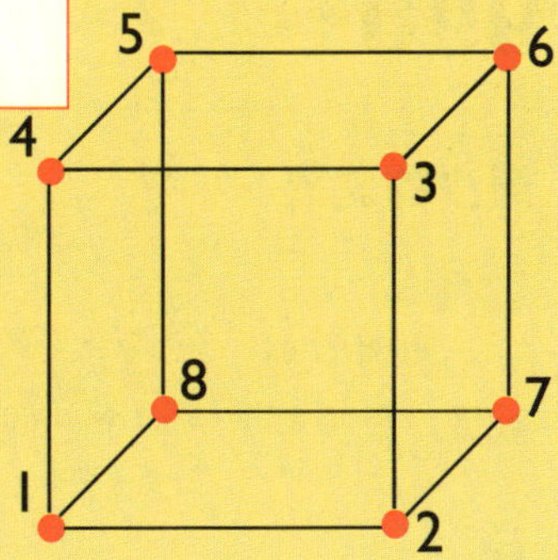

988

难度：●●●●●●●●●●
要求：👁 ✎
完成：□ 时间：________

最短路径

三幅地图上的红点表示3个、4个和5个城市，如图所示。对每一张地图，你能画出连接其所有城市的最短路径吗？

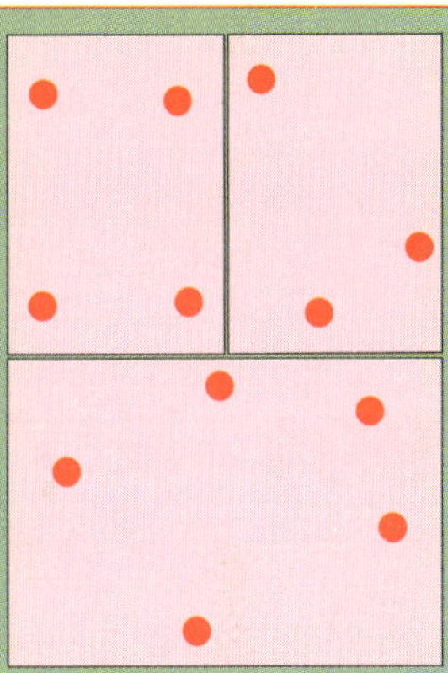

989

难度：●●●●●●●●●●
要求：👁
完成：□ 时间：________

反引力陀螺

当你把这个由两个圆锥构成的陀螺放在斜面的最低点后，它会沿着斜面向上爬到最高点。你知道这个陀螺是如何抵抗引力的吗？

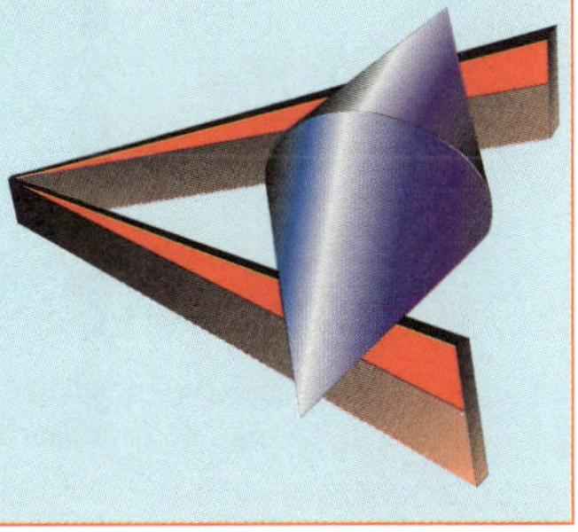

990

难度：●●●●●●●○○○
要求：👁 ✎
完成：□ 时间：________

最少的砝码

如图所示，在这个天平上称从 1 克到 40 克中的任何一个重量，最少需要多少个砝码？

991

难度：●●●●●●○○○○
要求：👁
完成：□ 时间：________

瓶颈

蓄水池的红色阀门马上就要打开，水流入右边的管子里。3 根竖直的细管的水位分别是多少？

992

难度：●●●●●●○○○○
要求：👁 ✎
完成：☐ 时间：________

毕达哥拉斯六边形

边长分别为3、4、5的正六边形与直角三角形的三边相接。这意味着毕达哥拉斯定理也适用于六边形吗？

美国数学家詹姆士·斯梅尔提出了一个相关的问题。边长为5的正六边形可以分割后组成两个小的正六边形，其边长分别为3和4。要做到这点，至少要把大的六边形切割成几块？

993 难度：●●●●●●●●●● 要求：👁 📄 ✂ 完成：□ 时间：________

轮廓

把这些黄色图形放入黑色方格的背景中，可以得到一个熟悉的侧影。你知道是什么吗？

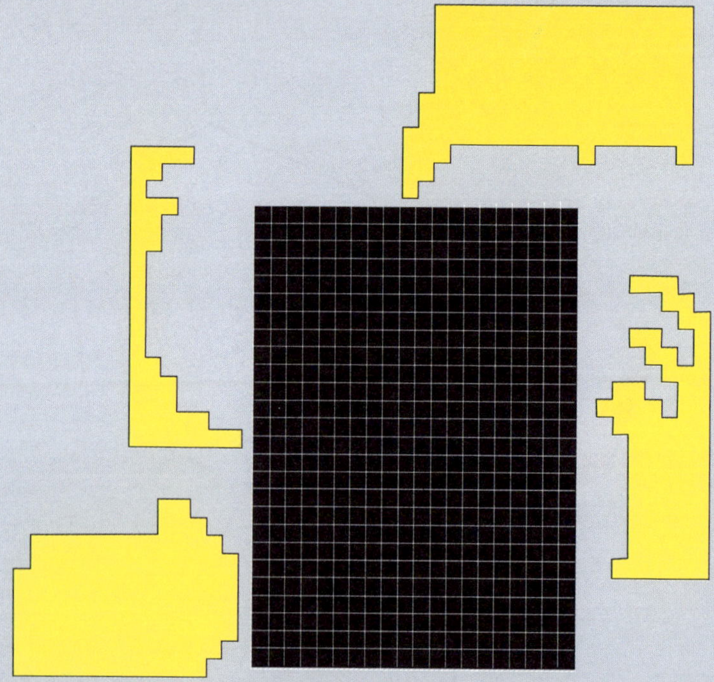

994

难度：●●●●●●●●●●

要求：👁 ✎

完成：☐ 时间：________

分隔开的幽灵

移动这5条直线，你能把这15个幽灵分隔到15个不同区域里吗？

995

难度：●●●●●●●●●●

要求：👁 ✎

完成：☐ 时间：________

鸟巢

7只鸟住在同一个巢中。它们很有组织，每天派3只鸟出去觅食。7天后，每只鸟都恰好和其他所有的鸟共同觅食过一次。比方说，第一天1、2、3号鸟出去觅食，那么就有1-2、1-3、2-3这三对。你知道一周内它们是如何安排觅食顺序的吗？

996

难度：●●●●●●●○○○
要求：👁
完成：☐ 时间：________

连通器

几根形状不同的管子连接在一起，使液体能在其中随意流动。这组管子和左边的蓄水池相连。当蓄水池的阀门打开，水流出来后，你能说出各个管子中的水位情况吗？

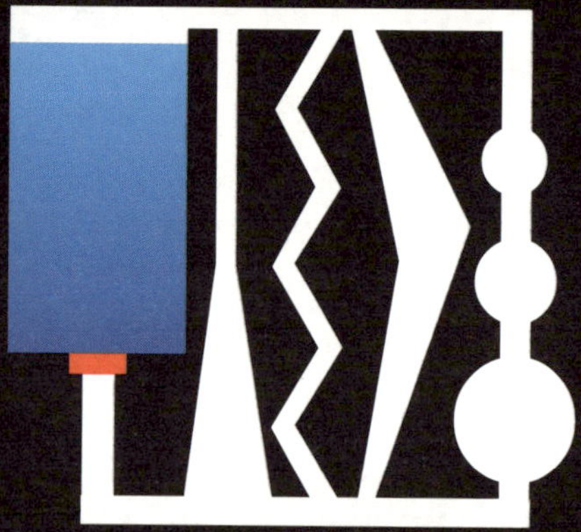

997

难度：●●●●●●○○○○
要求：👁 ✏
完成：☐ 时间：________

增长的正方形

从边长为 1 个单位的小正方形开始，把这个正方形的对角线作为另一个正方形的边。然后把第二个正方形的对角线作为第三个正方形的边。就这样构成一个无穷的正方形序列。

不测量，你知道第十一个正方形的边长是多少吗？

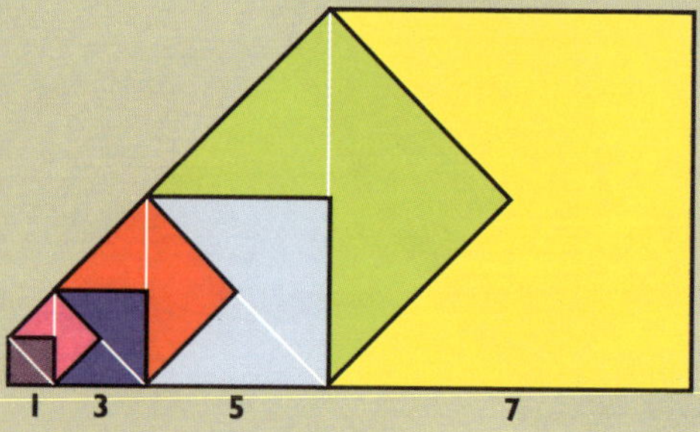

998

难度：●●●●●●●●●●
要求：👁 ✎
完成：□ 时间：________

掷骰子

你掷同一个骰子6次，它呈现6种不同点数的概率是多少？

999

难度：●●●●●●●●●●
要求：👁 ✎ 📄 ✂
完成：□ 时间：________

移动火车

两列火车在岔道处相遇，它们都需要到对方的位置。火车头和车厢都不能停在岔道处，而岔道两侧只能分别停两节车头或车厢。只有火车头才能拉着车厢行驶。要红色和绿色的列车交换位置，共需要多少步？火车头可以在列车的任何位置正开或倒开。火车头和车厢以及车厢和车厢也可以任意连接或断开。

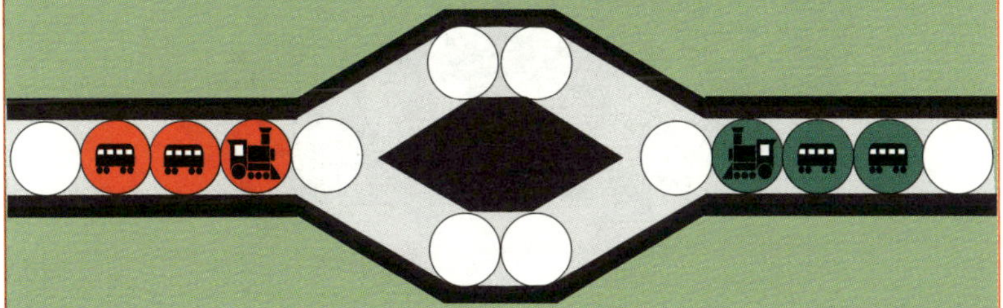

1000 难度：●●●●●●●●●●
要求：👁
完成：☐ 时间：________

最后一问

这最后一个问题是经过仔细挑选的，这是个包含娱乐数学最有趣之处的经典问题。

两位俄罗斯数学家在飞机上相遇。

“如果我没记错的话，你有 3 个儿子，”伊凡说，“他们现在多大了？”

“他们年龄的乘积是 36，”艾格说，“他们年龄的和则恰是今天的日期。”

“对不起，艾格，”一分钟后，伊凡开口道，“你并没有告诉我你儿子的年龄。”

“哦，忘记告诉你了，我的小儿子是红头发的。”

“啊，那就很清楚了，”伊凡说，“我现在知道你的 3 个儿子各多少岁了。”

伊凡是怎么知道他们的年龄的？

答 案

答案

634 最好的办法是画一个表格，行表示职位，列表示人。在逻辑上行不通的格子里打“×”，在你认为对的格子里打“√”。

	主席	董事长	秘书
格里			
安尼塔			
罗斯			

然后通过条件判断出：

格里有兄弟，而秘书是独生子女，所以格里不是秘书；

罗斯比董事长挣钱多，而秘书挣钱最少，那么罗斯既不是董事长也不是秘书。

结果就是，安尼塔是秘书，格里是董事长，罗斯是主席。

635 他没提这只鹦鹉听不见。

636 没有条件限制时有120种排列方式，题目中的前3个条件排除118种。

637 也许你的第一感觉告诉你，因为男孩女孩概率相同，所以另一个孩子也是女孩的概率是1/2。

但是你错了。史密斯夫妇的两个孩子的性别有四种可能的情况：男-男，男-女，女-男，女-女，其中只有一种情况是两个孩子都是女孩。而他们告诉你一个孩子是女孩，所以另一个孩子是女孩的概率应该是1/3。

638 在北极。

639 Fish（鱼）。

640 绿色。

641 他先娶了后来老婆的姐姐，然后离婚又跟妹妹再婚。他死后，妹妹成了寡妇。题中说法就成立了。

642 条子上写着：“I ought to owe nothing for I ate nothing.”（我什么也没吃，所以什么也不用付。）使用了数字读音的谐音。

643 50%的鸟被另外一只鸟看着，25%的鸟被另外两只鸟看着，所以剩下25%的鸟没有被看着。

644 第一个孩子如果说的是真话，他就是个说真话的人；如果他说了假话，他就是个说假话的人。

无论第一个孩子说的是真是假，第二个孩子说的总是真话，所以她是说真话的人。

第三个孩子说话的真假与第一个孩子有关。如果第一个孩子说的是假话，那么他说的是真话；如果第一个孩子说的是真话，那么他在说假话。

可能性分别是（从左到右）：假-真-真或者真-真-假。两种可能都有，其中总是两个人说真话，一个人说假话。

645 两人交换他们的马。

647 摸出红球的概率是40%，即20/50。摸出蓝球的概率是60%，即30/50。

648 Solve Playthinks. 做思维游戏。

649 应该赌。至少一个人拿到他自己帽子的概率大约是0.632。

650 86。

651 杨辉三角形可以提供答案。

若有足够多的球被投入，那么最后球的分布将构成高斯曲线。

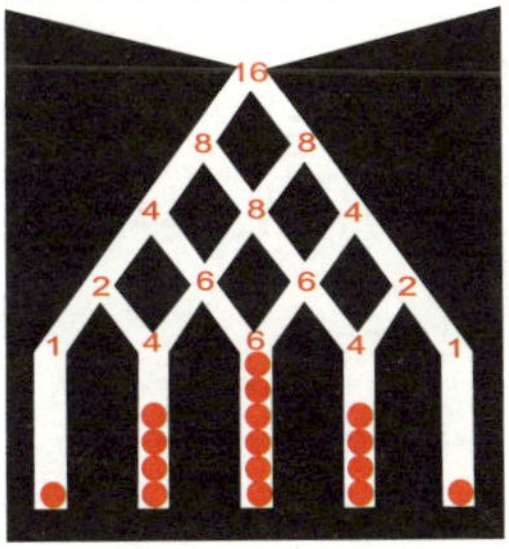

652 最好还是打雷龙。虽然打胜一条剑龙的概率是1/2，但打胜三条剑龙的概率为1/2×1/2×1/2=1/8。

653 他是错的。当然，打两次都打到同一地方的概率是比较小的，但被炮弹打出的洞已经不是随机事件了。首先，敌船第二次开炮时，因为第一次打中了，所以很可能还往这个方向打；其次，就算敌船不瞄准，开一次炮打到船上某一地方的概率是一样的。所以，炮弹打进那个洞的概率和打到洞外某点的概率相同。

654 应该从从黄蜂开始数的第五只蚜虫开始吃，顺时针或逆时针方向，按照瓢虫移动的方向数。

655 共送7次，去4次回来3次。

1. 我把天津四星人送进航天飞机的密封仓。

2. 我独自回来。

3. 我把参宿七星人送进密封仓。

4. 我把天津四星人送回来。

5. 我把特里斯特拉人送进密封仓。

6. 我独自回来。

7. 我最后把天津四星人送到密封仓。此时3个乘客在一起了。

656

1号是吉瑞，他喜欢吃鸡。

2号是伊凡，他喜欢蛋糕。

3号是吉尔，她喜欢沙拉。

4号是安尼塔，她喜欢吃鱼。

657

两面相同的概率是2/3。如果你见到的是正面，就有三种情况：

1. 你看见的是有正面和反面的硬币的正面。

2. 你看见的是两个正面的硬币的一面。

3. 你看到的是两个正面的硬币的另一面。

658

C	U	B	E
U	G	L	Y
B	L	U	E
E	Y	E	S

659

Merry Christmas（圣诞快乐）。

660

这类问题既要观察，也要推理。需要通过逻辑推理将观察到的结果归类并确定有足够多的信息得出结论。在此例中，虽然并没有提供完整的图案，但可以通过推理得到相称的结果。

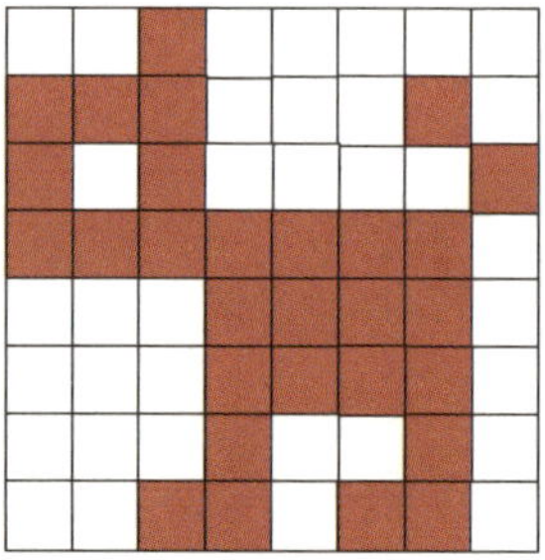

661

当然是赌场老板！所以千万不要赌博。

662

“Just between you and me”，“Split second timing”（“就在你我之间”和“分开第二个时机”）。

663

664

3个弹子共有6种结果，其中4种情况的赢家是彼得。所以彼得获胜的概率是2/3。

665

1. 单词“three”拼错了。
2. 单词“mistake”应该是复数。

3. 这句话里只有两个错误，而这恰恰是这句话的第三个错误。

666

RANGE和ANGER。

667

如果你数一数各个字母出现的次数，就会发现，字母“D”出现一次，“I”两次，“S”三次，“C”四次，“O”五次，“V”六次，“E”七次，“R”八次。按这个顺序排列字母，就能得到单词“discover”（发现）。

668

这个游戏题和生日问题有关。一般人们给出的答案是100人左右，但研究者们发现，任何两个陌生人都可以由一条5~6人组成的关系链串起来。

669

持第一个骰子的人会赢，他点数大的次数约占全部的55%，如表所示。

（表中：L表示第二个人输，W表示第二个人赢。）

B \ A	2	4	5
1	L	L	L
3	W	L	L
6	W	W	W

670

最后一组中长方形和椭圆形没有重叠。

671

“带我们去见你们的领袖。”

672 纸上共有14个正方形，一面6个，一面8个。

673 只有第二个论断是正确的。论断二可以排除论断一和论断三。

674 如果他的脸是干净的，那么另两个人中有一个会意识到他自己的脸是脏的，但他们都在笑，所以他推断他的脸是脏的。

675

6	+	6	+	8	+	8	=	28
+		+		+		+		
6	+	6	+	6	+	6	=	24
+		+		+		+		
12	+	12	+	10	+	8	=	42
+		+		+		+		
8	+	10	+	12	+	6	=	36
32		34		36		28		

676 有三种可能的情况：

1. 原来袋中的红球（A）被取出，留下后来放进去的红球（C）。

2. 放进去的红球（C）被取出，留下原来的红球（A）。

3. 放进去的红球（C）被取出，留下原来的蓝球（B）。

三种情况中有两种情况原来袋中的球是红球。

第一次取球取出红球的概率是75%，但取出一个球后，再取红球的概率就有变化了。

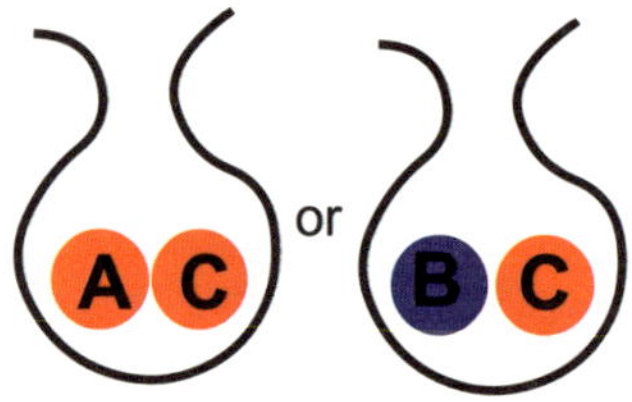

677 概率是1/3。任取一张牌，再在剩下的三张牌中取一张，只有一种情况下能得到相同的颜色，所以概率是1/3。

这个人的推理是错误的，因为他所说的三种情况不是同等可能的。

678 虽然阿莫斯和巴奇命中率有100%，但考蒂活下来的概率最大。

如果阿莫斯或巴奇首先开枪，那两人中一个人必死无疑，然后就轮到考蒂射击。考蒂有50%的机会打死对手。如果考蒂抽到第一枪，他应该打偏，否则如果他打死了阿莫斯或巴奇中的一个，另一个就会打死他。

所以考蒂存活的机会是50%。

而阿莫斯和巴奇有相同的机会。如果他们没轮到先开枪，他们就得先被打；如果他们中某一个人先开枪，他们就有一个必死。因为两人的情况相同，所以他们俩得以存活的概率为0加上50%除以2，即25%。

679 在36个人中，应该把你的敌人安排在这些位置：4、10、15、20、26和30。

680 在200次投掷中，极有可能出现6次或6次以上连续掷得同一面的情况。大多数人不知道这个规则，所以他们编出的答案不会出现这种现象。

681 为了计算概率，数学家一般把它们限制在四种可能的结果中：正面-正面、正面-反面、反面-正面、反面-反面。但还有第五种可能，无法计数。比如，硬币可能直立，或者掉进缝隙，或者被鸟叼走了。或许数学家们在将来应该把这些概率也算进去。

682 答案是ONE WORD（一个单词）。

683 共有6种可能出现的偶数情况：2、4、6、8、10和12，以及5种可能出现的奇数情况：3、5、7、9和11。共有18种可能得到偶数，18种可能得到奇数。所以得到偶数和得到奇数的概率相等。

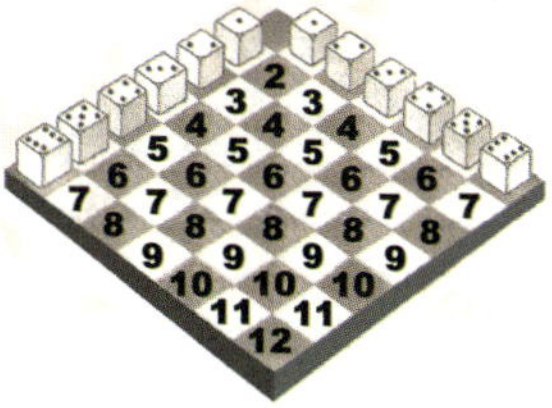

684 每掷一次骰子得到不是6点的概率是5/6。因为每一次投掷都是独立的，所以连续掷得非六的概率为：

掷两次：5/6×5/6=0.69

掷三次：5/6×5/6×5/6=0.57

掷四次：5/6×5/6×5/6×5/6=0.48

这意味连掷4次得到一个6的概率接近50%。

685 23个人中两人生日相同的概率就有0.5左右。

为了计算这个问题，先算一下每个人生日都不同的概率。两个人生日不同的概率相当大，有364/365。三个人中，概率就相对小些，大约是363/365。因为三个人可以两人两人地分开，所以他们生日不同的概率是两个人生日不同的概率的乘积。把这个数一直连乘到小于0.5，意味着现在有两人生日相同的概率大于0.5。

当人数超过90人时，基本可以保证有两人生日相同。

687 17世纪时，一个热衷赌博的法国贵族怀疑赌博的机会一直不利于他。于是他写信把自己的怀疑告诉了数学家布莱斯·帕斯卡和皮埃尔·德·费马。他们发现，掷24次得双六的概率是35/36的24次幂，大约是0.49。这意味着玩很多次后总的来说还是输的。

688

改选

门1	门2	门3	结果
汽车	猴子	猴子	赢
猴子	汽车	猴子	输
猴子	猴子	汽车	输

不改选

门1	门2	门3	结果
汽车	猴子	猴子	输
猴子	汽车	猴子	赢
猴子	猴子	汽车	赢

如果你坚持你原来的选择，你赢得汽车的概率是1/3。这很好理解：一辆车，三扇门。

这意味着汽车藏在你没有选的门的后面的概率是2/3。当然，如果你这时重新选择，那么因为没有更多的信息，那个2/3的概率会被平分到两扇门，每扇门还是有2/3的概率没有汽车，并不比你坚持原来的选择好。

但当主持人打开一扇门放出一只猴子后，情况马上就不同了。主持人当然不会打开一扇有汽车的门。主持人的选择很大程度上依赖于你一开始的决定：如果你选的门后面是汽车，主持人能打开剩下两扇门中的任意一扇；但如果你选的门后面是猴子，主持人就必须打开一扇藏着猴子的门。从上面的图表中你可以看到，你所没有选的门的可能性（猴子-猴子、汽车-猴子、猴子-汽车）被限制在猴子-打开的门、汽车-打开的门和打开的门-汽车之间。因此，如果你改选，你将有2/3的机会选中有汽车的门。

689 当字母被沿着箭头方向排成顺时针顺序时，可以读出这个名字：托尼·布莱尔。

690 哪怕用3美元赌2美元，也是对你不利的。

我可以肯定我赢的概率至少是2/3，有时可以高达7/8。我所要做的只是让你先随便选一组三硬币组，然后我选和你选的组中第二个硬币的朝向相反的硬币作为我选的组中的第一个，再以你组中前两个的朝向作为第二和第三个。比方说，你如果选了HTH，我就选HHT，这样我就有2/3的优势。如果你选TTT，我就选HTT，这时我有7/8的优势，只有在前三次都掷得反面你才会赢。

691

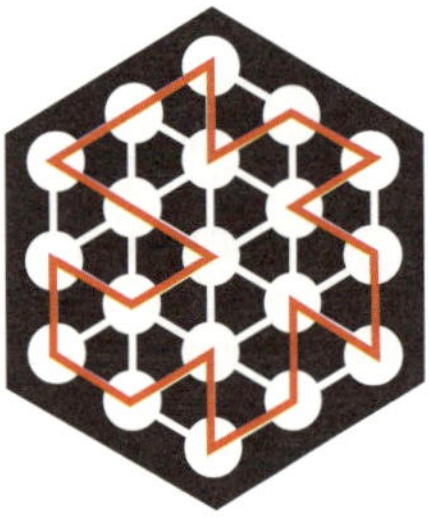

692 a-5，b-1，c-9。

693 有两种不同长度，10根长的和10根短的。每种颜色都有两种长度的木棍。取走它们的顺序是：短黄、短橙、短红、短粉红、短紫、短亮绿、短暗绿、短亮蓝、短暗蓝、长黄、长橙、长红、长粉红、长紫、长亮绿、长暗绿、长亮蓝、长暗蓝、短紫罗兰和长紫罗兰。

694

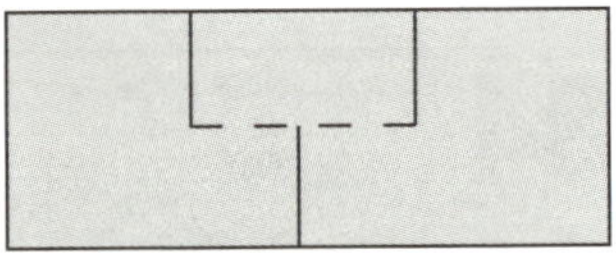

695 有6个区域不能被着色。

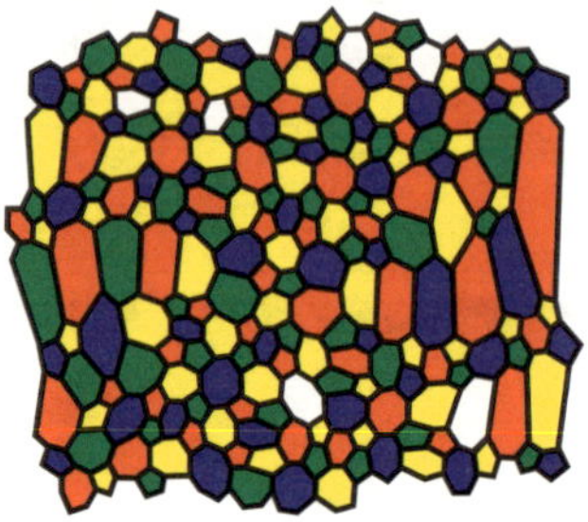

696 只有2号和9号拓扑等价。

698 你需要至少3种颜色。这里给出了其中一种答案。

699 这个结果反映了二色定理。

700 顺时针方向：黄三角形、橙五边形、红七边形、粉红九边形、紫罗兰正方形、亮绿六边形、蓝八边形和紫十边形。

701

703 至少需要8种颜色。

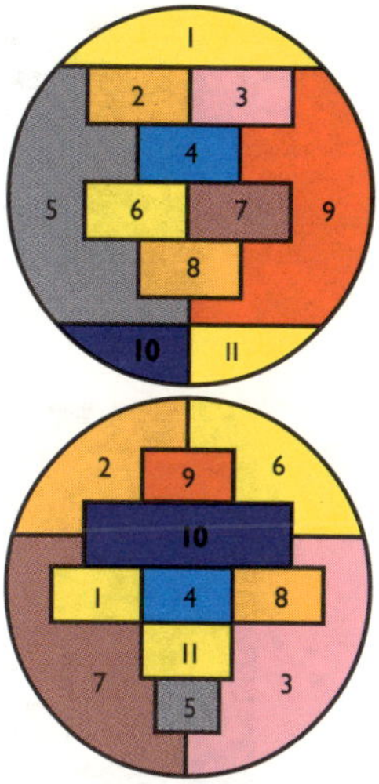

704

705 首先，黄色纸带水平摆放。在它上面分别放上橙色、红色、亮绿色、暗绿色、亮蓝色、暗蓝色和粉红色的纸带。

706

707 要让眼睛移到另一端，至少需要7步。

708 还是一根带子，但长度是原来的2倍。

709 将变成两根套在一起的环，一根是和原来那根一样长的莫比乌斯环，另一根是原来两倍长的扭了两次的环。

710
1. 四色。
2. 三色。
3. 二色。
4. 二色。
5. 四色。
6. 二色。
7. 二色。
8. 三色。

711 要做这成个形状，先在纸带上剪三处相同的切口，如图。然后再分别折三处折痕。再把纸带两端粘在一起。然后就可以通过把里面的面朝外翻，使两条长凳朝外。

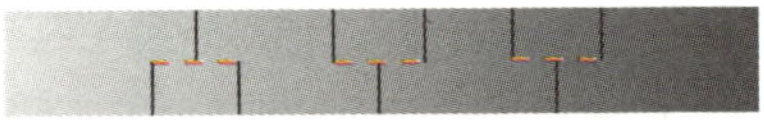

712

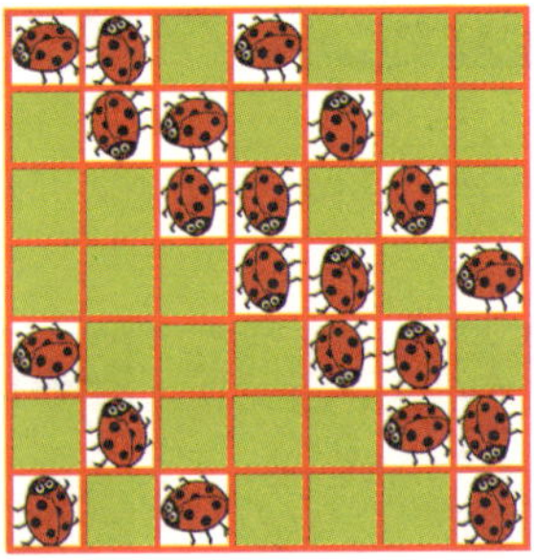

713 每组4个的组是1-9-11-13、2-3-7-13和4-5-6-8。剩下的一对就是10-12。

714

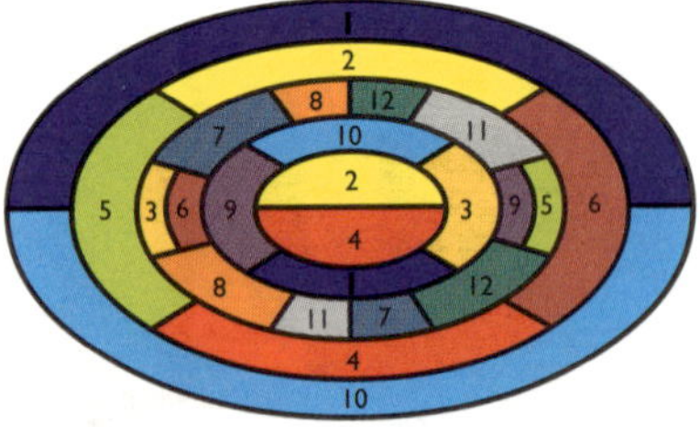

715 与“E”拓扑等价的字母是“F”“G”“J”“T”和“Y”。

716

717

718

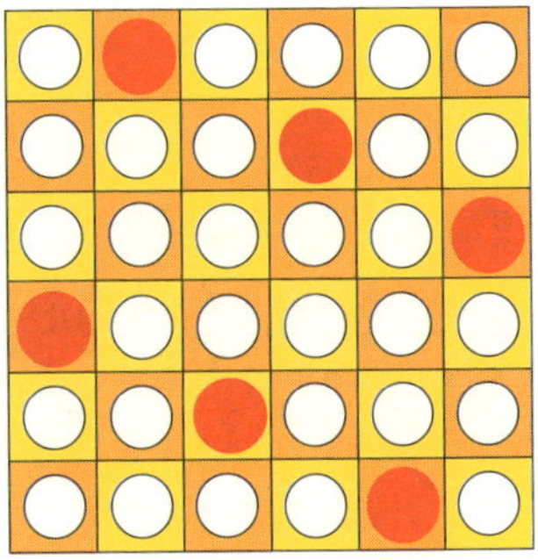

719

720

这里给出了12个答案中的一个（不包括对称和旋转对称的）。

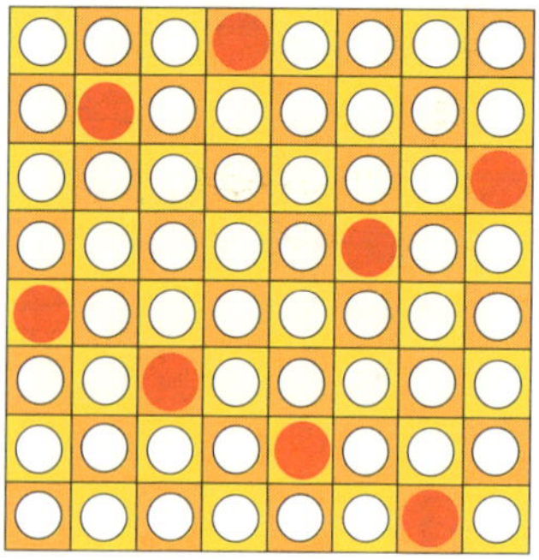

721

这里给出了4个答案中的一个。

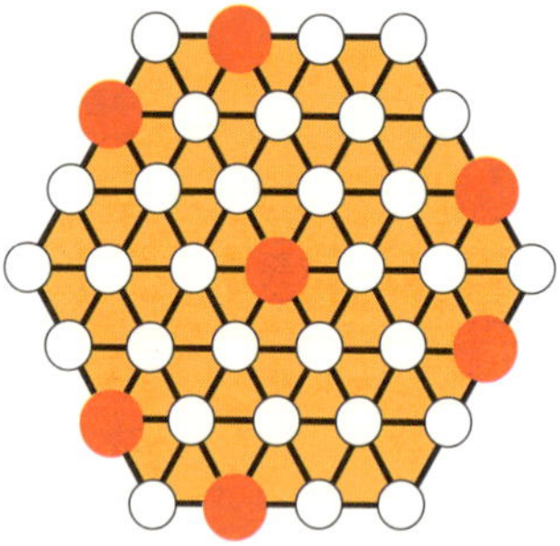

722

723

724

除五边形外，其他形状都能由正方体截出。

725

取下2个，如图所示。这样把项链截为1、1、3、6、12个珠子的5段。用不同的方法把它们接起来，可以得到1到23中任意长度的项链。

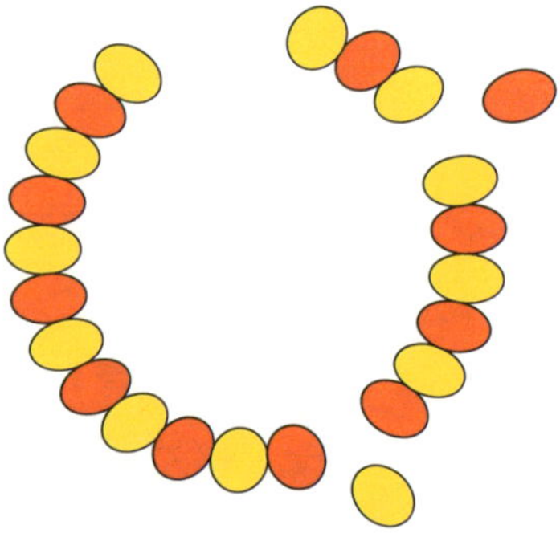

726

对于绳子上的3个相交处，共有8种可能的交错情况。其中只有2种形成一个结，所以概率是1/4。

727

其中只有两个会被拉紧成结：底部靠右的一个和中间靠左的一个。

728

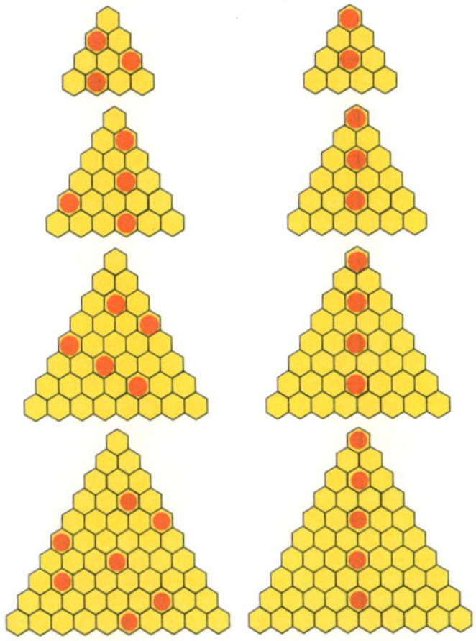

729

原来的那个立体结包含24个立方体。

730

只要切开一个就可以了。如果她把从左数第四个环切开取下，金链会分成四部分：一个环的、一个环的、三个环的和六个环的。这几段金链，取一个或几个就能构成任何一天所要交的租金。比如，第三天时她可以用3个环的链换回两个单个环的链。

732

字母拼成“PLAYTHINKS”。

733

改三把钥匙的把手。其中两把钥匙是相邻的，另一把与它们相隔一把钥匙。这下你就可以从单个的改过把手的钥匙开始，朝着另两把改了把手的钥匙的方向，把所有的钥匙分辨出来。

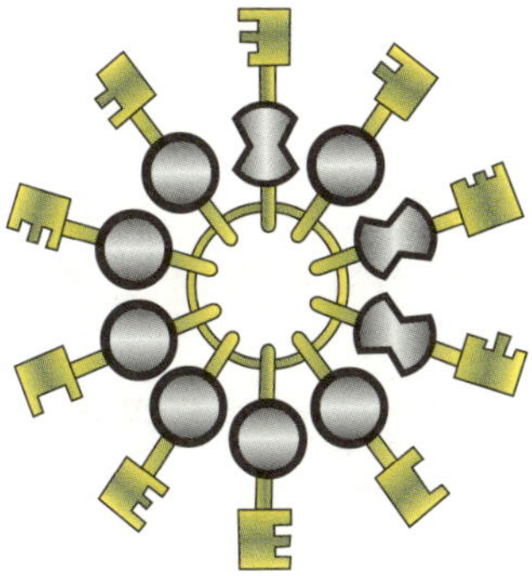

734

735

移动这木块需要19步。（图注：开始、第1-4步、第5-6步、第7-10步、第11-13步、第14-19步。）

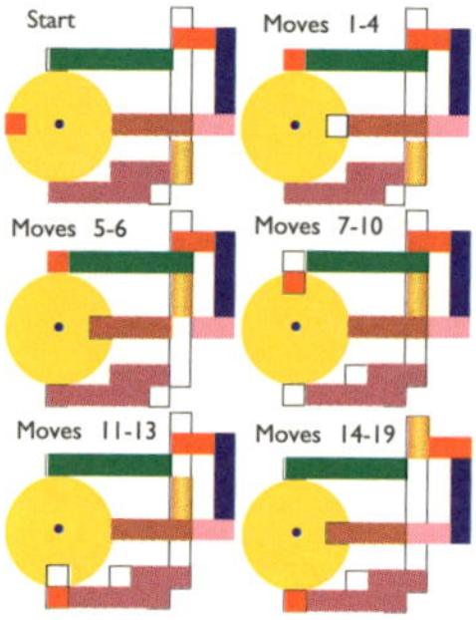

736

需要13步。

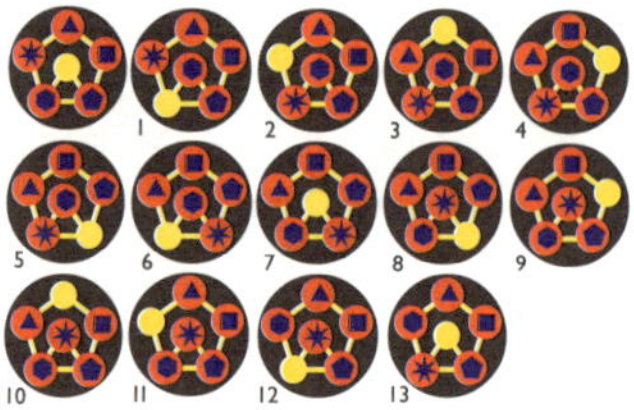

737

把动物们放回自己的笼子需要20步。

738

第一步

第二步

第三步

739

制胜方案是把图看作一个压扁的正十二面体，每次都用与对手所用相同的颜色涂在对手刚涂完的那个面的正对面。

下图的例子是由第二个人先涂中央那块，然后再按上述策略着色。可见，此人总是能赢，因为最后两个区域不能被涂上五种颜色中的任何一种。

740

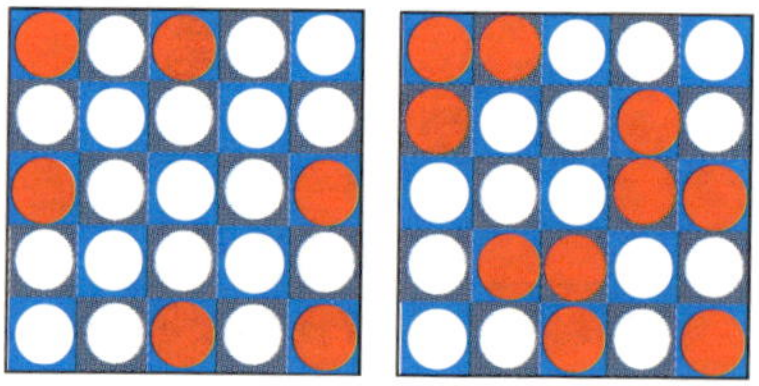

741

742

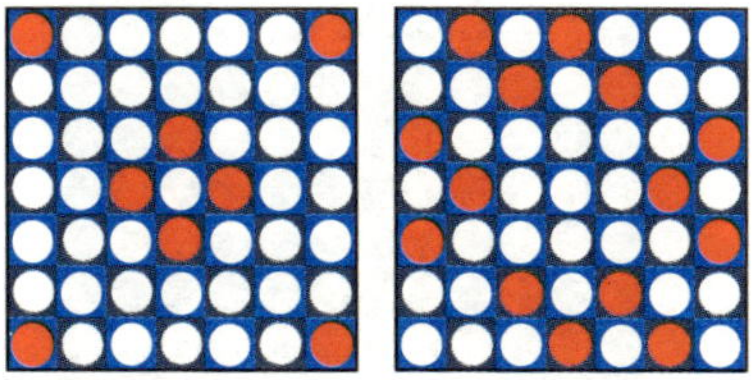

743

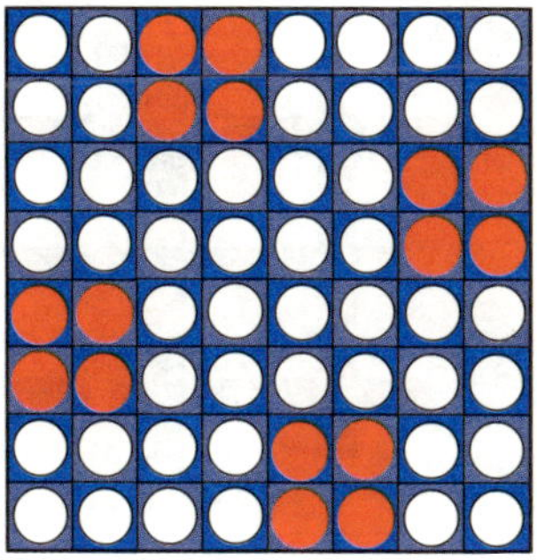

744

有3种可能的答案。

745

有4种可能的答案。

746

无论纸张厚薄，要对折八九次就几乎不可能。

每对折一次，页数就会翻一倍。对折一次就成了两页，两次就是4页，9次就会有512页。一叠纸太厚就很难再对折了。

747

有8种可能的答案。

748

重要信息是“CREATIVE PLAY IS PURE FUN”。

749

这里给出了16种答案中的一种。

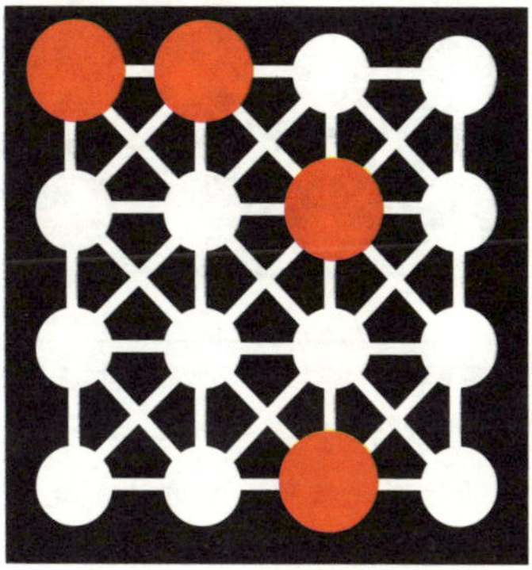

750

这里给出了28种答案中的一种。

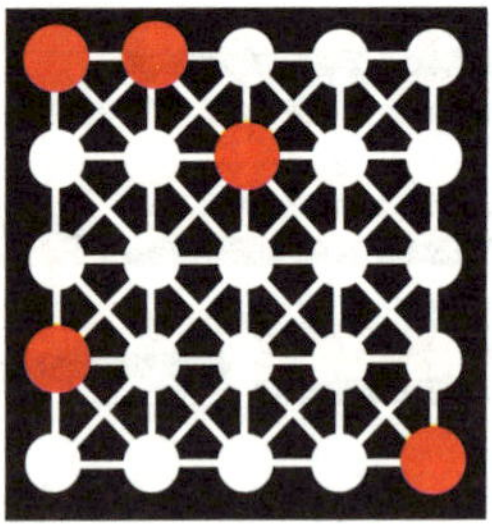

751

有两种可能的答案。

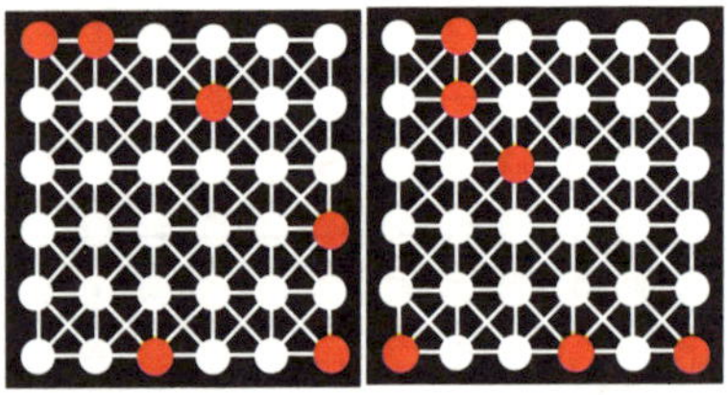

752

753

关键在于让新放上去的S棋子最后停在与上一个相邻的位置。按照这个方法，就总有一个位置是空的。

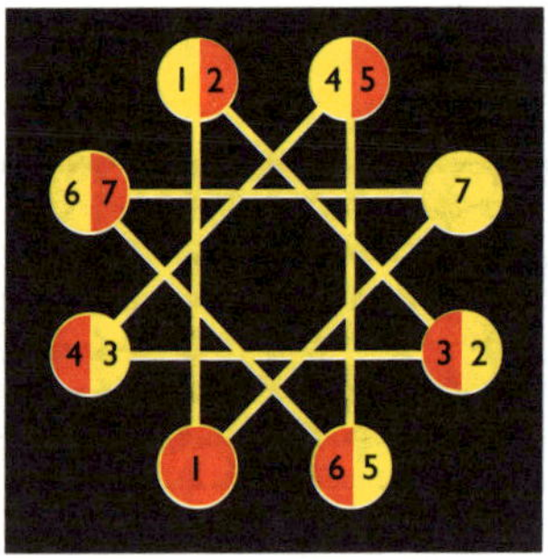

754

有10种不同情况。

755

最短路径不沿立方体的边。要算出最短路径，就要先把立方体展开成平面，如图所示。然后在瓢虫和蚜虫间画一条直线，这就是最短路径。

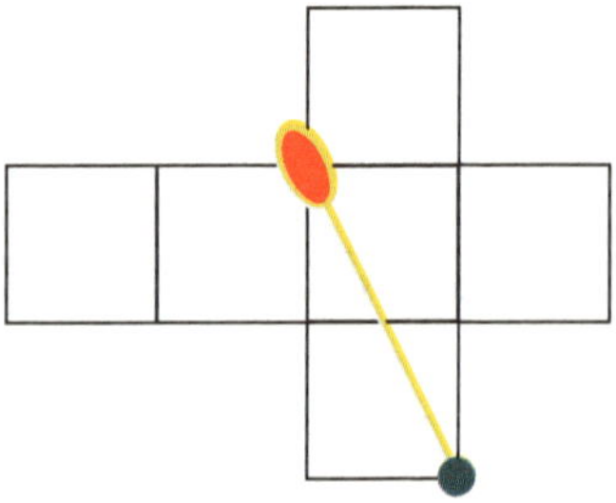

756

把一条短链条上的3个环截开，然后用这3个把其他链条串起来。

757

可以用30步把汽车移动到指定位置。

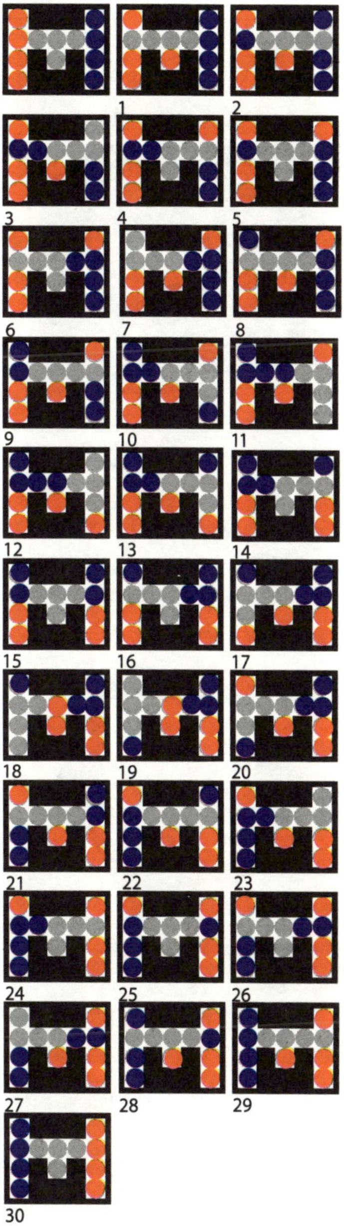

758

你注意到每组下面的数字加起来分别等于15和24吗?每个数字标出了这种颜色的圆盘连续移动次数。用这种办法，可以找到最少的移动次数，否则很难得到答案。

759

760

761

黄色和橙色、红色和绿色、粉红色和蓝色。

762

只有底部靠左的立方体不是。

763 1．第一个立方体有24种放法。在任意一种放法中，第二个立方体都可以连着它四个面上的某一个放置。而在任何一个位置，第二个立方体也有24种放法。所以一共有24×4×24=2304种放法。

2．只要位置不改变，3个立方体的放法就只有24×24×24=13824种。

3．如果8个立方体保持原来位置，而且每一次变化都算作一种新情况，共有248种可能。

764 哈波·马克斯。

765 要看到这幅图原来的样子，只要把它拿到距离你的鼻尖15厘米处，用一个很倾斜的角度去看，就很清楚了。

766 格劳科·马克斯。

767 只用正四面体是不够的。四个这种金字塔如果构成一个大的金字塔，中间的空就要由一个正八面体来填满。

因此，一共需要11个正四面体和4个正八面体。

768 可以在30步内完成。

769

770 这种立方体环最少需要10个小立方体。

771 第2、3、4、5和10号相同。第7、8和9号相同。第1和第6号是独一无二的。

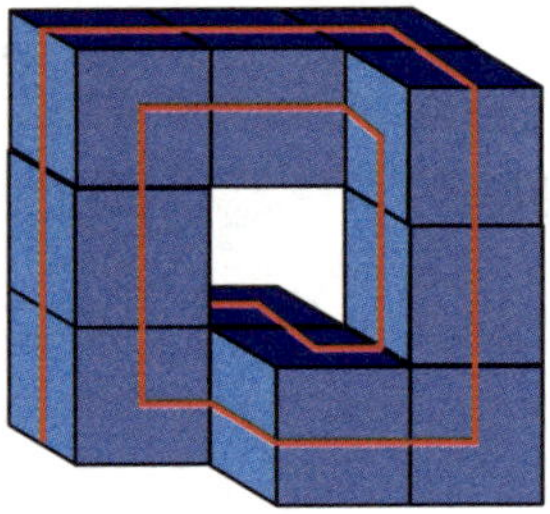

772 如果你让一个立方体的一角正对着你，其轮廓就构成一个正六边形。显然，其中可以卡进一个稍微大一点的正方形。

如果小正方形的边长为1，那么大正方形的边长可以达到1.06。

773 1．58个立方体；

2．18个立方体；

3．20个立方体；

4．56个立方体；

5．33个立方体；

6．18个立方体；

7．30个立方体；

8．40个立方体。

774

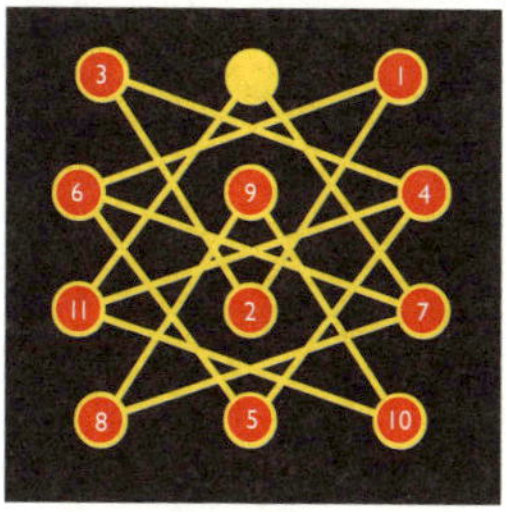

775

可以建一张包含所有可能的颜色组合的表。

红色角的数量：	8	7	6	5	4	3	2	1	0
黄色角的数量：	0	1	2	3	4	5	6	7	8
不同立方体的数量：	1	1	3	3	7	3	3	1	1

因此，可以画成23种不同的立方体。

776

绿色的环。

777

只有黄色、绿色和橙色的方格可以组成立方体。

778

橙色和绿色，黄色和粉红色，蓝色和红色。

780

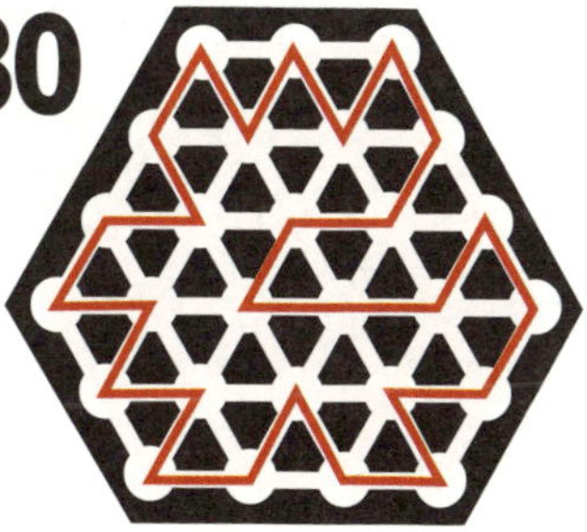

781

截得的四面体体积是立方体体积的1/6。

782

不存在这样的路径。最佳方案是要错过一个房间。

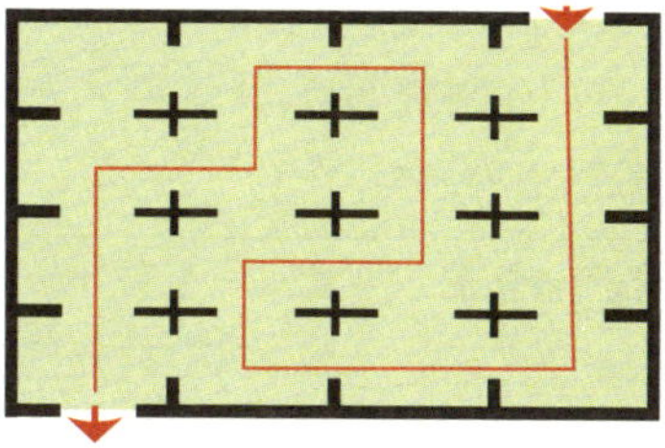

783

这个问题根本无解。

784

如果第一个人拿起一只蜜蜂，第二个人则拿起在对面的两只蜜蜂。如果第一个人拿起两只，则第二个人拿起在对面的一只。这样下去，最后总会剩下位置相对的两只蜜蜂。第二个人只要保证蜜蜂位置的对称，就会一直赢。

785

从理论上来说，重力火车的方案是可行的。任意两点间的路程都将花去相同的时间：42分钟左右。如果地球是中空的，那么一个物体从地球一处穿过地球落到另一处所花的时间恰恰也是42分钟。

但地球不是中空的，摩擦力和空气阻力不能被忽视。

786

比在地表时轻。在地球内部时，地球在你脚下的部分质量给你的引力总有一些被你头上的部分抵消。

787 你的重量其实是所受地球引力的大小。离地球越近，你所受的引力就越大。

因为地球是扁的，所以你在赤道所受的引力比在两极少0.5%左右。

788 能。重量是一个相对的概念，你的重量将随你所在星球的不同而改变。

但体重秤始终能称出重量，尽管其结果经常会是0。

789 不相等。月球引力只是地球引力的1/6，所以宇航员在月球上的重量是在地球上的1/6。

790 这是由爱因斯坦提出的问题，并由他的等效原理证明，一个加速度系统所看到的运动与存在引力场的惯性系统所看到的运动完全相同。

如果你在题目中所描述的火箭上，你所感到的重力和物体下落的情况将和在地球上的一样。

不考虑其他因素，不能判断出你是在地球上还是在火箭里。

791 我们通常觉得重的物体下落得快，但实验科学证明这是错的。

牛顿第二定律表明，加速度和物体所受的力成正比，与其质量成反比。这个方程写作：

$$a=f/m$$

其中a代表加速度，f是力，m是质量。

因为质量引起的阻碍运动状态改变的性质叫惯性。因此，一个大石头重力是小石头的100倍，其质量（惯性）也是小石头的100倍，两者抵消，加速度不变。

在不考虑空气阻力的情况下，海平面附近的物体下落的加速度都是9.80665米/秒^2。

792 要减少空气阻力，把纸片放在硬币的上面。然后让硬币下落，用一根细丝保持其水平。这样，硬币和纸会一起下落。

793 当飞机沿抛物线飞行时，其下落过程中将有失重的感觉。这时飞机做平抛运动，飞机中的物体都按照同一速率运动，可以模拟失重。

794 下面的书不会移动，而上面的书将和拉着的书一起移动。

原因在于摩擦力。摩擦力与正压力成正比，而正压力即是物体表面压在一起所产生的力。下面的书表面所受的正压力不是上面一本书产生的，而是上面的两本书产生的。因此这本书和下面的一本书间的摩擦力比它和上面的书（就是那本被拉动的）间的摩擦力大，所以下面的书保持不动。

795 最大最重的苹果将跑到上面来。

最稳定的状态是越下面的苹果压得越密。而苹果越小，它们就越可能压得紧密。因此，小的苹果更容易被颠到箩筐的底部。

796 当把下面的绳子慢而稳地拉住，上面的绳子就要承受书的重量和下面绳子的拉力。于是这根绳子上的拉力就要比下面的绳子大，当然会先断。

如果猛地一拉，惯性就会起作用。一开始书还没有被这一猛拉影响，所以拉力没有被传递到上面的绳子。于是下面的绳子受到了更大的力，先断了。

797 无论球是大是小，对每一个正方体，排好的球都将占正方体体积的0.5235左右。这与球的大小无关，只要球与正方体相比足够小。

虽然对小球来说，其间隔相对小些，但间隔的数量会增加，所以天平是保持平衡的。

798 一个箱子的底部过重引起了海关官员的注意。这将导致箱子倾斜，如图。

799 称一次就够了。取一个红球、两个蓝球、三个绿球、四个黄球和五个橙球。如果110克的是红球，那重量就是1510克；如果是蓝球，那重量就是1520克；依次类推。

800 如果你用一个很陡的角度拉线圈，会产生一个朝远离你的方向旋转的转矩；如果你用一个比较小的角度拉，会产生一个反方向的转矩使它向你运动。

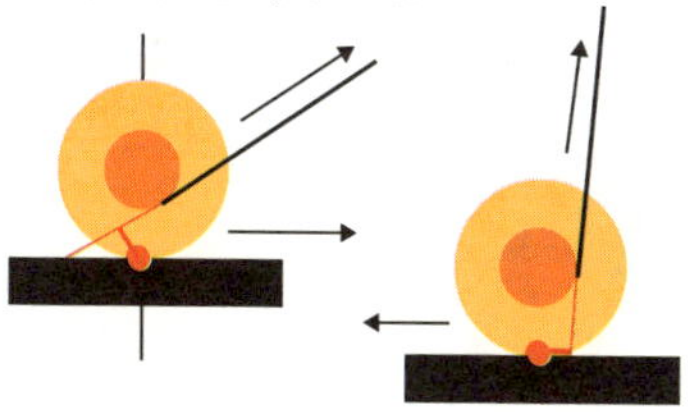

801 盒子红色的一端非常重。你可以在图中看到，这点重量影响了整个盒子。

（图注：center of gravity质心）

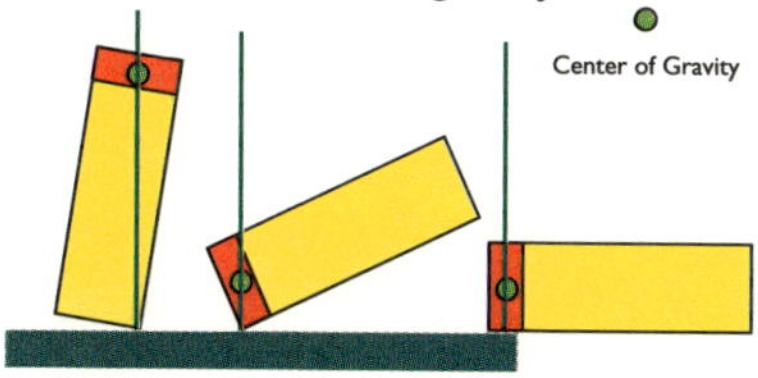

802 这条鱼事实上重50千克。每一段绳子上的力都相等，所以图中的秤上称了“两”条剑鱼：绳子一端的一条真剑鱼和绳子另一端的拉力。拉力可以被假想成另一条剑鱼，但这个用以平衡滑轮的力确实存在。要称得剑鱼真正的重量，渔夫应该把剑鱼直接挂在秤上。

803 其中三角形重力线和质心到支点的连线的张角最大，这意味着它最稳。长方体最容易翻倒。

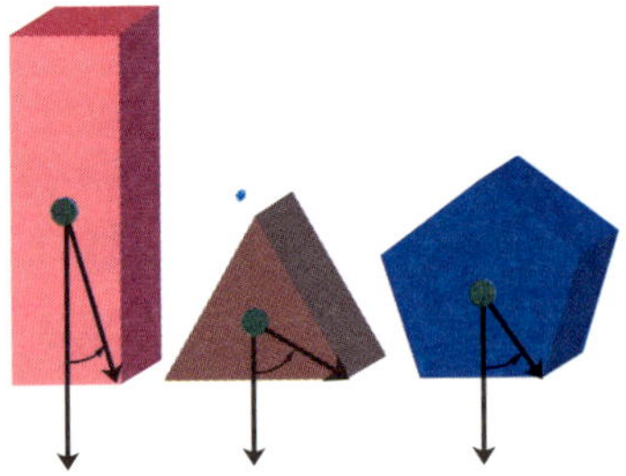

804 摩擦力总是阻碍米尺掉下去。离米尺中心越远的手指所受的支持力越小，它所受的摩擦力也就越小，所以它先移动。当它越来越接近中心时，这个手指所受的支持力也越来越大，于是滑动摩擦力也越来越大，超过尺和另一个手指静摩擦力。在这时尺将沿着手指滑下，然后沿另一个手指滑，如此交替直到两个手指最终都到达尺的质心。

从中间开始，先移动的手指必然会立即承受较小的支持力，移得越远受力越小。在这种情况下没有其他运动方式。

805 如果砝码重量在0到100千克之间，把50千克或100千克的砝码挂在弹簧上，指针仍旧将指向100千克，因为挂上去的砝码产生的力会抵消绳子上相应的拉力。

当重量超过100千克的砝码被挂上去后，绳子就会松掉，指针的读数将和挂上去的砝码的实际重量相同。所以当挂上一个150千克的砝码后，指针将指向150千克。

806

807 重量是一样的。称得的重量取决于瓶子和其中装的东西，而这些并不改变。当苍蝇在飞时，它们的重量被气流传递，作用在瓶子上，尤其是翅膀扇出的向下的气流。

808 首先，测出瓶底的直径，然后把它除以2并乘以π，得到瓶底的面积。

接着测液体的高度，再颠倒瓶子，测其中空气的高度。把它们加起来再乘上瓶底面积，就是瓶子的体积了。

809 先把包裹分成3个一组，取其中两组称。如果秤上有一组比较重，那么戒指在这3个包裹的一个里面；如果秤上两组一样重，那么戒指在另外3个包裹的一个里面。然后从3个包裹里取两个摆到秤上称，如果有一个比较重，那么戒指就在这个包裹里；如果两个一样重，那么戒指在不在秤上的那两个包裹里。

810

两块面积相等。

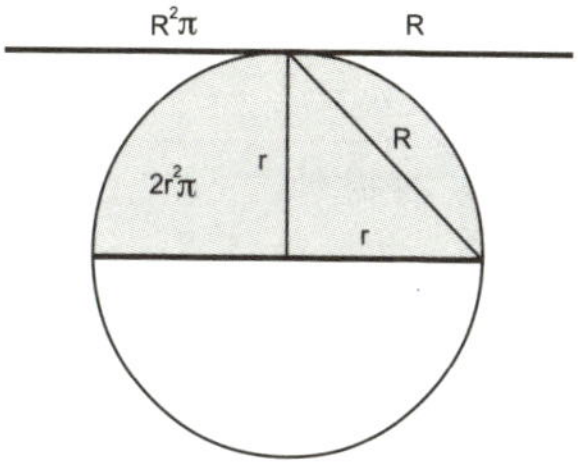

811

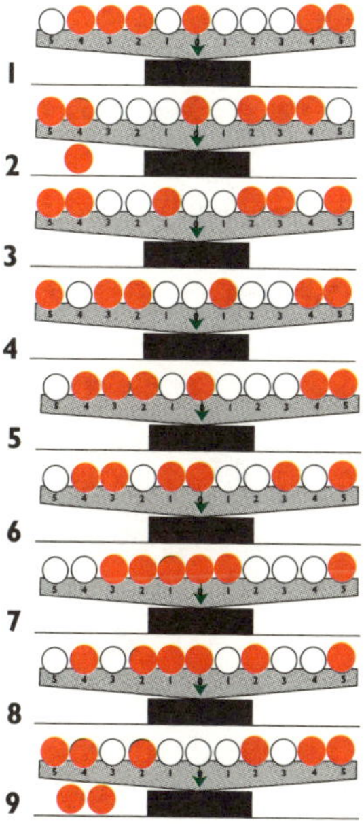

812

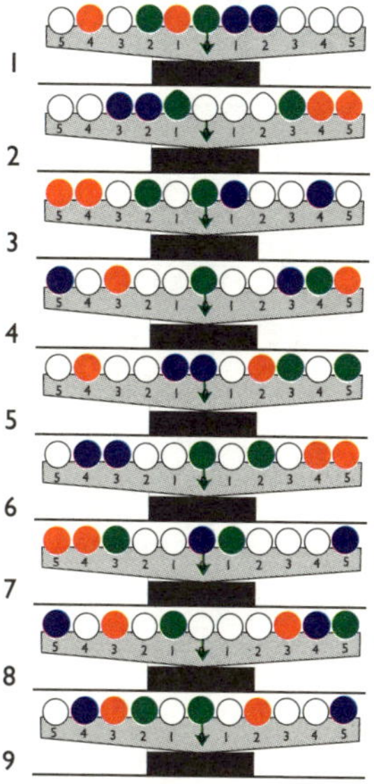

813

质心越低越稳定的说法适用于静态平衡，而用手指平衡一根棍子是动态的情况，手指要不断移动保持棍子的平衡。长的棍子有比较大的“惯性力矩”（物体保持原有运动状态的性质）。因此，长棍的质心移动得比较慢，给你更多的时间移动手指保持其平衡。而短物体的惯性力矩较小，所以它们的移动比你的反应快。

814

滑轮的左侧较重，因为一个红球和一个绿球的区别。

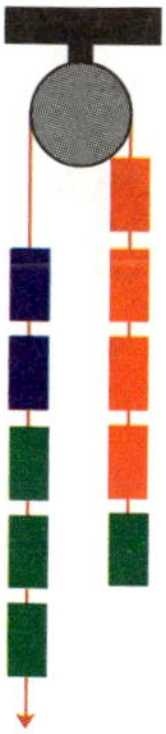

815 黄色水壶的喷嘴与其顶部一样高，所以这个壶能装满水。虽然绿色水壶比黄色水壶高，但它的喷嘴位置较低，所以只能装部分水。因此黄色水壶能装的水更多。

816 此鸡蛋的内部结构很简单，如图所示。一根装有很黏稠的液体的圆柱倾斜地嵌在鸡蛋里。圆柱里还装有一个小而重的活塞，能随其中的液体缓慢移动，从一端移动到另一端要花上70秒钟。当活塞在圆柱中央时，鸡蛋就能直立在其较小的那头，大约10秒钟。

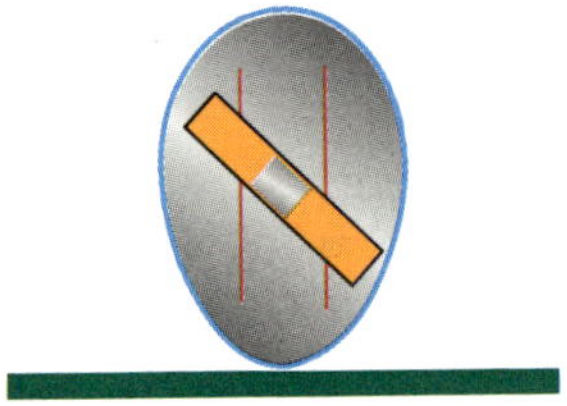

817 让两个计时器同时开始漏沙子。当3分钟那个漏完后，立即把它填倒过来，4分钟的那个漏完后，再次把3分钟的那个颠倒过来。这时3分钟的那个里正好漏下一分钟的沙子。等这个沙漏里的沙子漏完后，就正好是5分钟。

818 当圆柱被颠倒过来后，沙漏会因质心变高而翻倒，而其浮力也会帮它卡在圆柱里。沙漏和圆柱间的摩擦阻碍沙漏上浮，直到大部分沙子漏下，使其质心再次降低，这时沙漏才会摆脱摩擦浮到顶部。

819 在粗糙的斜面上，重的球减速没有轻的快。因此，最重的球将落在离斜道最远的格子里。

820 顺时针。

821 两只螺钉保持其相对距离不变。

822 顺时针。

823 顺时针。

824 都向上运动。

825 往左。

826 最左边的齿轮顺时针转过1/4圈后，字母组成“Leonardo”（莱昂纳多）。

827 如果你用普通的力气扔出一个飞盘，它将绕着地球转动，而不会落到地上。因为没有空气产生的摩擦，它会像卫星一样沿轨道运动，而不需任何推动力。

月球和通信卫星也这样运动，就如地球绕太阳转动。

牛顿研究了抛射体的弹道运动得出，如果在足够高的地方以足够的力射出一枚炮弹，它将会沿一条和地球曲率相同的曲线运动。不考虑空气阻力等其他因素，这条路径会使炮弹绕地球运动。

于是，牛顿就成了第一个描述如何发射人造卫星的人。这个想法过了几个世纪才成为现实。

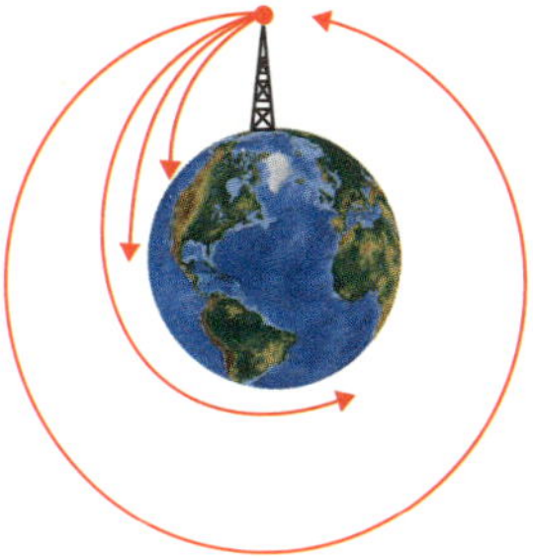

828 飞镖飞行的下落情况（其轨迹竖直方向上的分量）与猴子的下落情况完全相同。无论飞镖的速度如何，都将击中猴子。

829 两人到相遇共花了一小时，而苍蝇一小时飞了10千米。

830

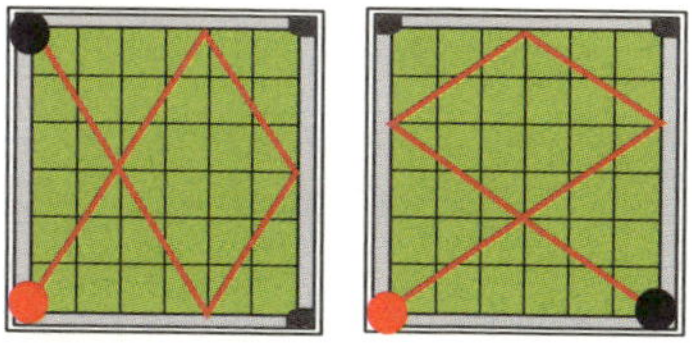

831

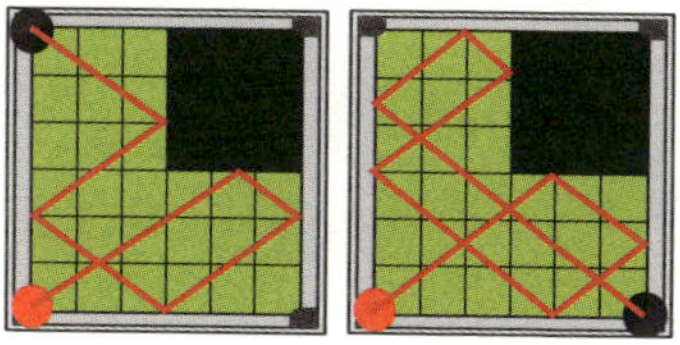

832

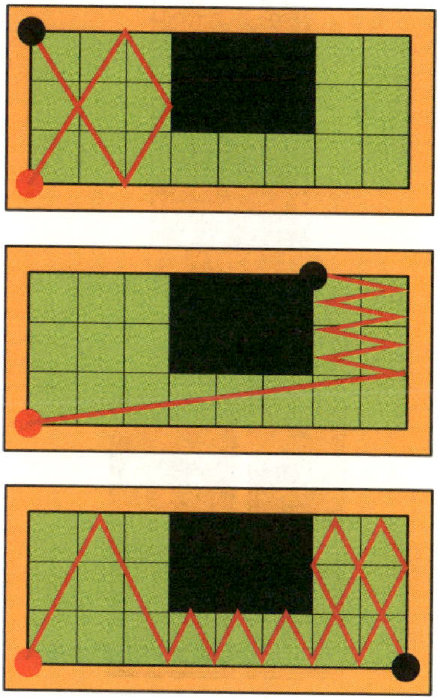

833 如果以45度角击出球，那球一定会在有限次反弹后落到某一个角上的袋子里。要确定是哪个角落，需要给起点和每一个经过的交点着色。在前三种情况中，只有一个角会被着色，这就是球最终落下的地方。如果所有的交点都被着色了，那么就扩大单位正方形，重新着色。

如果桌子边上都是奇数个格子，那么最终球会落在相对的那个角；如果一边是奇数格，一边是偶数格，那么球会落在与起点同侧的一角。如果两边都是偶数格，那就把它们都除以2，直到有奇数格出现。

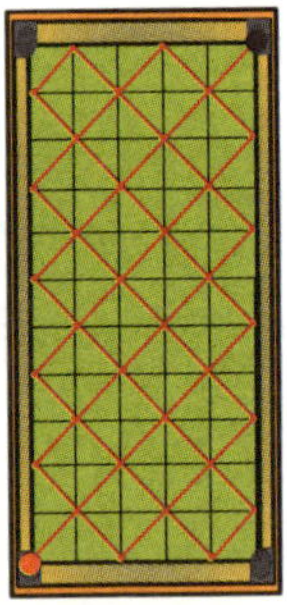

odd-odd

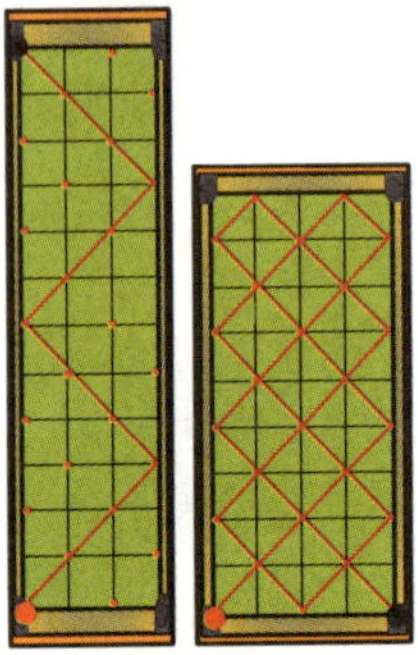

even-odd

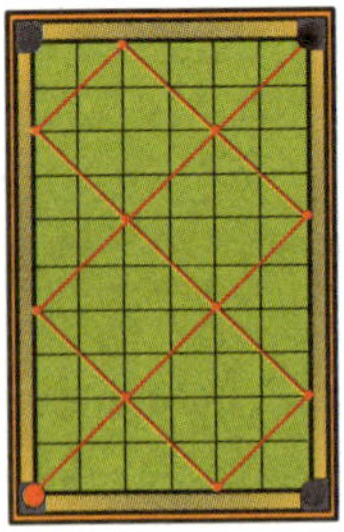

even-even

834 重物在中心的那个先到。因为重物在中心，所以它对滚动的阻碍不像重物在边缘时大，这意味着它将更快地加速。但重物在边缘的那个木轮虽然加速慢，但是减速也慢，所以它将滚动更长的时间。

835 炸弹的轨迹是抛物线（轨迹3）。其竖直分量和自由落体相同（轨迹1），但炸弹还有随飞机而来的水平方向上的速度。因为在竖直方向上是加速的，所以轨迹应该如轨迹3那样越来越陡，而不是像轨迹2那样越来越平。

836 史密斯先生应该把飞盘往后扔。

837 可能。桶除了受重力作用外，还受到因重物引起的梯子下落的带动。因此而产生的转矩导致梯臂下落得比自由落体运动更快，只要桶能落到保龄球下落的直线上，球就会掉到桶里。

838 青蛙每天向上爬1米，17天后，青蛙在白天又能爬上3米而爬出井，所以共需要18天。

839 小球均同时到达圆周。在小球各自运动的方向上都有其所受引力的分力。它们受的引力可以分成两部分，一部分与下落轨道所在的弦平行，另一部分与之垂直。小球滚动的那部分力的大小与弦长成正比。因此，它下落的时间与在其他弦上的小球相等。

如果小球从一个竖立的圆的最高点沿圆的弦同时下落，它们将同时到达圆周。

伽利略的这个实验证明小球在弦上所用的时间与弦的倾斜程度无关。

840 瓶子得从四倍高度落下。直觉上，可能以两倍的高度下落就行了。但要使速度加倍，其加速的时间也要加倍，这意味着此系统的能量应是原来的4倍。

841 桥撑不住小丑。牛顿第三运动定律指出，任何物体施力时也是受力物体。小丑把环扔到空中时对环施加了一个力，这个力比环的重力大。这个力，加上小丑和剩下两个环的重量压垮了桥。

842 他会看到单摆沿逆时针椭圆轨迹在三维空间中运动。如果他装上右眼的镜片，那么单摆就呈顺时针运动。

这个问题展现了光的强度对判断远近深浅的影响。暗的视网膜影像传到大脑的速度比亮的慢很多。这个与光速无关，光速是恒定的。从有镜片的眼睛中看到的影像传到大脑要比没有镜片的那个慢上几分之一秒。

当大脑同时获得两个有一点点时间间隔的运动影像时，大脑会把它们认为是立体的，产生本不存在的立体感。这个效果在单摆摆到当中时最明显，也就是摆得最快的时候，因为在这点两个影像的差别最大。

843 小球将弹到原先的9倍高度。

这是因为动量和能量的储存。当大球落地时，它比小球先改变速度的方向。此时小球以速度V向下运动，而大球落地后以速度V向上运动，于是两球相对速度为2V。

如果两球相撞前的相对速度为2V，那么它们相撞后的相对速度也是2V。因为下面的球已经有一个向上的速度V，所以上面的球此时以速度3V运动。因为上面的球往上运动的速度是落地速度的3倍，所以它所能达到的最大高度是原先的9倍。

下落时两球的位置对于小球能达到的高度相当重要。若是能在一根管子里做这个实验，可以达到最明显的效果。

844 单摆明显的旋转取决于其放置的纬度。它在极点和赤道间的线速度等于每小时15度乘以其所在纬度的正弦。

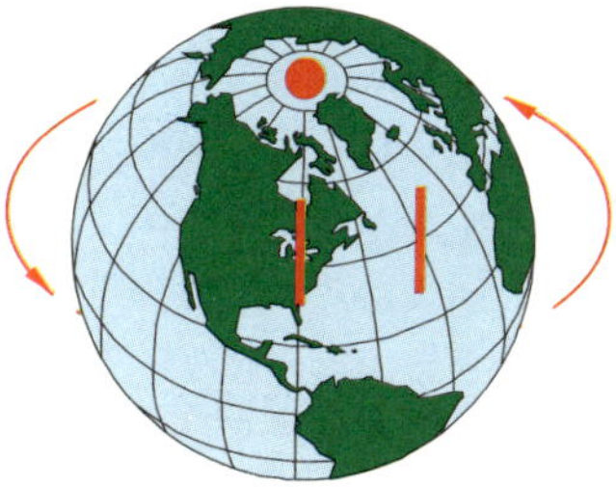

845 两个摆的周期完全相同。单摆的摆动周期仅仅取决于其摆长。无论摆动幅度有多大，周期都是一样的。

单摆运动的方式遵循如下规则：

1. 摆动周期与摆球的质量无关。

2. 摆动周期与摆动幅度无关。

3. 摆动周期与摆长的平方根成正比。

单摆运动周期的计算公式是：$2\pi\sqrt{(L/g)}$。其中g是重力加速度。

因为除了摆长外，重力加速度是其中唯一的变量，所以单摆是测行星引力的一种简单方法。摆长为1米的单摆从左摆到右的时间是1秒，在月球上则是2.5秒。

846 单摆最终不会达到相同的能量。相反，能量会在两个球间交替，一会儿这个停下，一会儿那个又停下。

当一个单摆开始运动后不久，其能量会被传递到另一单摆，后者的运动幅度会渐渐超过前者。最终第一个单摆静止，然后整个过程重新开始。

847 这个啄木鸟是一个简单的振荡器。环中的孔比杆子的直径略粗一些。当啄木鸟停着的时候，摩擦力使之静止在杆顶端。但当它开始运动后，每振动到当中时环会与杆垂直。因为此时环不与杆接触，所以它会沿杆滑下一段距离。这往下一滑给了啄木鸟保持振动需要的能量。所以，每下落一点，势能就表现为运动，即转为动能。

这个振动的啄木鸟也展现了落地座钟的回避机制。

848 速度包括大小和方向，所以球的速度一直是变化的，其方向不断在改变。

速度的改变由加速度引起。球的加速度始终指向圆心。任何绕圆周运动的物体加速度都指向圆心，加速度改变其速度使其恰好能绕圆周运动。

如果绳子突然断开，球将沿圆的切线方向直线飞出。

849 把一端的一个球拉高并释放后，另一端的一个球会弹起。如果你拉高一端的两个球并释放，那么另一端会弹起两个球。

这怎么解释？

两个物体在短时间内发生的撞击以冲量量度。当两个完全弹性的钢球相撞时，它们交换它们的速度。在眼睛还来不及观察到的一刹那，冲击已经将能量从一个球传递到了另一个球，最后那个球得到能量后就会弹起。

这个效果和拉高多少个球无关。这个玩具演示了牛顿第三定律：施力物体受到一个大小相等、方向相反的反作用力。

850 用杯子套住弹珠后旋转杯子，弹珠就会附在杯壁上跟着旋转。一旦弹珠开始旋转，它就会往上移动。转得足够快之后，你就可以把杯子从桌面上拿起。弹子不会立即就掉下来，它会继续以其动量转动。

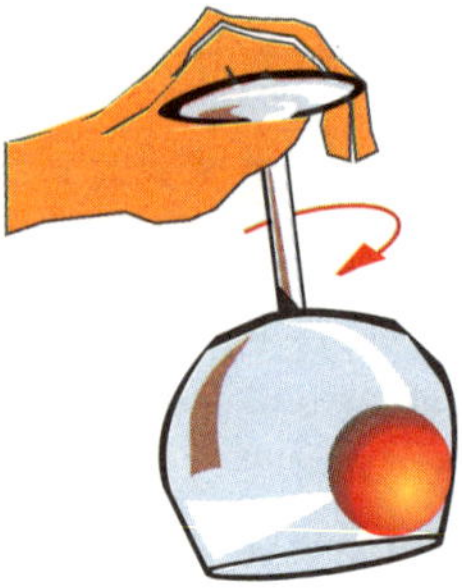

851 挂着的物体绕轴转动时，会保持其最大惯性。这个性质会使这三个物体如下图转动。

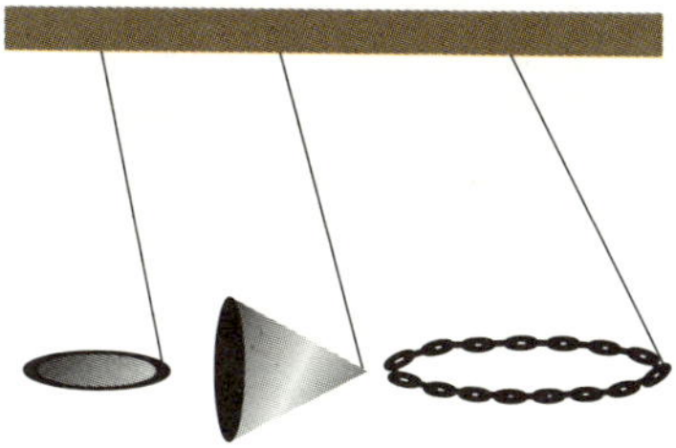

852 座位连着男孩都将沿相反方向转动。这两个反方向的运动使角动量守恒。

853 什么都不会发生！轮子的角动量有把座位往地上压的趋势。

854 用右手把柄往前推，左手往后拉，可以使转轮向左倾斜。

要使转轮动起来，男孩必须把柄的右边向上提，左边向下压。这时他会感觉到陀螺仪的运动：轮子的转轴将向右倾斜以阻碍施加上去的倾斜。自行车轮子也是一种陀螺仪，抵抗那个倾斜的外力，其转轴将从直角转到另一个角度。轮的左倾的作用传递到男孩旋转的座椅上。

一个旋转着的轮将阻碍任何速度或方向上的变化。除非你用特殊的方法推，不然它总会按原来的方向转动。你转它，它就倾斜；你让它倾斜，它就转。

事实上，任何一个高速转动的物体都会像陀螺仪一样，自行车手和摩托车手经常会感觉到它的作用。

855 因为圆柱转动产生的向心力与墙面垂直，于是产生摩擦力。当向心加速度大到一定程度后，摩擦力就可以抵消重力，使游戏者能够吸在墙上。

856 高尔夫球在空中飞行时经常带反旋。其表面的小坑裹住一层空气，因为上层的空气比下层的流得快，这样可以使球飞得更高。这叫作贝努利原理，也是飞机飞行的依据。

表面没有坑的高尔夫球飞行的距离只能达到有坑的一半。

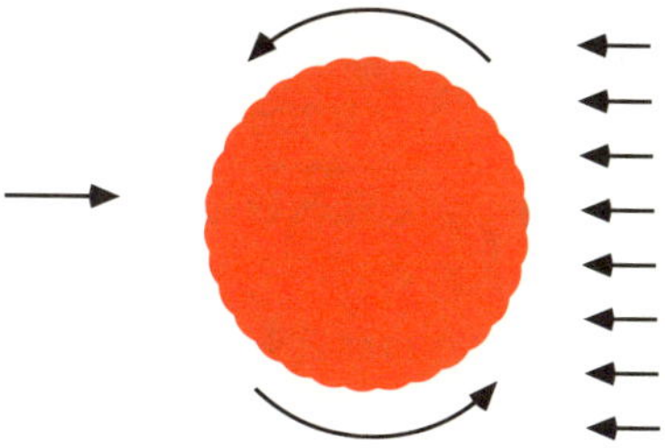

857 滑冰者可以转得更快。当她把手移向胸前时，她减小了转动惯量，因为质量往中心靠拢。为了补偿这点，其角速度会增加。如果转得太快了，她还可以伸展开她的手臂以减慢速度。

每一个运动的物体都有动能。旋转产生的动能取决于两个因素：其质量的分布和其旋转的速度。

飞轮就应用了这个性质，但是从

相反的方面。它们的设计使它们能够在转动时储藏能量，它们的大部分重量因此都在边缘。

858 皮球会避开小丑而落到他右边。

球的运动轨迹将是曲线，因为两人都在运动。这个球一开始就不会向另一个人的方向飞去，因为它带有投球者的速度，将使球向右偏移。这个偏移叫作科里奥利效应，涉及旋转时物体方向的改变。我们身边的每一个物体都带有细微的科里奥利效应，因为地球在转动。

虽然两个小丑觉得球的轨迹是曲线，但站在外面的人会觉得是一条直线。

859 垫圈的每一部分都膨胀，所以孔也会变大。

860 分支结构比放射结构更有效。分支结构的分支总长比放射结构短很多，但平均路径差不多。所以，树、血管、河流甚至地铁都呈现分支结构。

861 图1和图3是平衡的。

862 肥皂泡内部的压力随着泡体积的增大而减小，它与泡的体积成反比。因此，小的肥皂泡内部压力比大的那个大。这将使其中的空气通往大的泡中，小的泡最终将把大的泡撑破。

（图注：表面张力向内压，增加的压力向外推。）

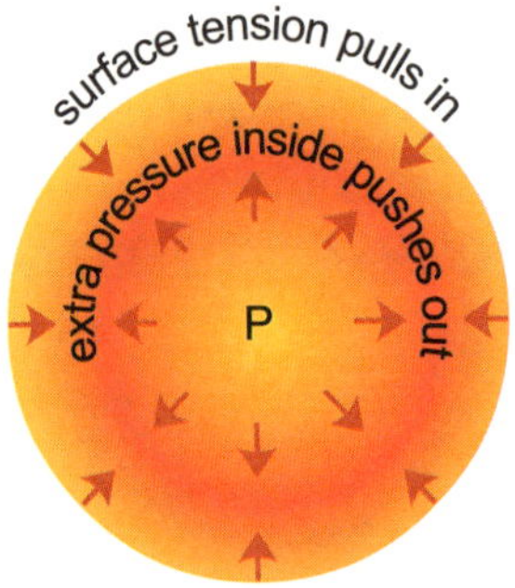

863 因为其他裂缝都止于第二个人打的枪眼产生的裂缝，所以第二个人打了第一枪。

864 最短路径是13个长度单位。

865 报纸下面的木条不会动。如果你的一击足够用力，木条可能会突然折断，但报纸还是不会动。

这是因为大气压住了报纸，阻碍其移动，这使它紧紧压住木条。

866 当把塞子压到一起后，你就压出了其中大部分的空气，于是外面的空气就会压紧塞子。

867 吹气时，气球里的压强增大，但瓶子和气球之间的空气压强也在增大。

瓶子和气球之间的空气占据了一定体积，并被封在里面。在往气球里充气时，气球也将压瓶子里的空气，直到觉得再也吹不进气了。

868 贝努利原理指出，高速行驶的列车两侧气压很低，会使人向列车靠拢。

869 两球会靠拢。小球间流动的空气压强比周围静止的空气压强低，以至周围的空气把两小球压到一起。

这是贝努利原理的一个简单实例，该原理考察气流的速度与压强的关系。这也是飞机飞行的基本依据。

870 下落的时间比上升的长。球上升时必须抵抗空气阻力，使其能量减少。因此，球上升到某一高度时的能量比它下降到此高度时的大。而因为这两个时刻球的势能（由于高度而具有的能量）是一样的，所以能量的差异来源于动能的减少。这意味着球从这一高度下落所花的时间比上升到这一高度所花的时间长。

871 机翼这样设计可以使从机翼上面流过的气流速度比从下面流过的快。为了做到这点，机翼的上表面要比下表面长。

正如贝努利原理所揭示的那样，较大的速度导致较小的压强，机翼上下的压强差使之得以上升。这个力使飞机能保持在空中向前飞行。飞机飞行时，机体、燃料、乘客和货物都产生把飞机往下拉的力，但这个力与由空气产生的向上的托力平衡，使飞机能够在空中飞行。

872 在静止的水中，乒乓球上升得很快。

但当水急速流动时，水的浮力急速减小。流动液体产生高压，使乒乓球和水的位置交换变得困难。

873 你的大拇指阻止了空气从U型管这端流入。而开口的一端有空气流入，把水面往下压。大气压把水面压了下去，阻碍水面回升，从而产生了水位不平的现象。

这是证明大气有重量的一个简单例子。

874 根据阿基米德原理，物体上浮的原因是它排开了一定体积的水。因此，当戒指放到小鸭上时，小鸭下沉排开的水的重量等于戒指的重量。

因为金属戒指的密度比水高，所以排开的水的体积应该比戒指的体积大。但当戒指滑落到水中时，它排开的水的体积就是它自己的体积。

因此，水位将因为戒指的下落而下降。

875 急速流动的气体压力较小，而一个向上冲的气柱实际上能围住轻的物体，比如乒乓球。只要乒乓球略有移动，气流外的压力就会把它压回原位。

876 气流导致低压带，使两簇火焰靠拢。

877 你能够达到接近每小时40千米的速度。如果水对船的摩擦力为0，那么你就能达到风的速度，但不能超过它。

如果船航行的速度和风速相等，那么风对帆没有作用力。在没有风的情况下，帆是松弛的，因为没有风作用在帆上。

878 两个理由导致这种状态使船减速：第一，风对帆的作用力会减小，因为在这个角度风与帆的接触面积较小；第二，风力的方向不是船航行的方向，就如图中平行四边形里所画的那样。

无论哪一种流体，气体或液体在与光滑表面相互作用时，作用力都是垂直方向上的。这个力的大小不仅比风力小，其实只是风力的一个分力，其方向与船的航行方向相同。这是使船前进的动力，其他分力只使船倾斜。

如果继续拉帆，这个分力将继续减小直到0，此时帆与船体平行。

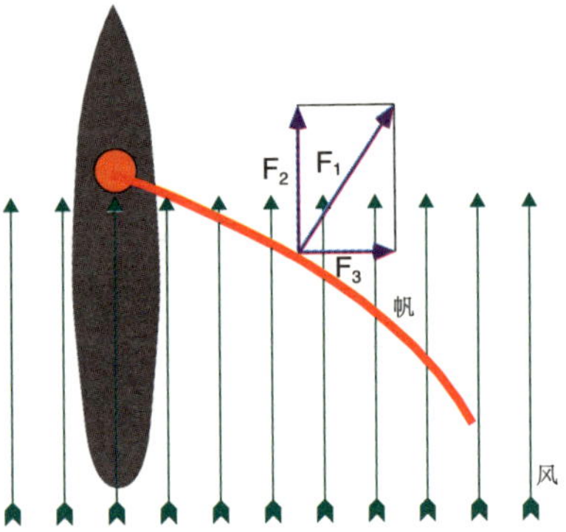

船的俯视图

879 将航行得更快。力向量在这个方向上的分量会变大，因为帆的速度赶不上风速，从而帆最终不会松弛。

就算船速和风速一样快，风对帆仍然有作用力，所以船将比风速快。当“相对风”（“自然风”加上把船的运动看作“人为风”的合向量）与帆平行时，船将达到最大速度。

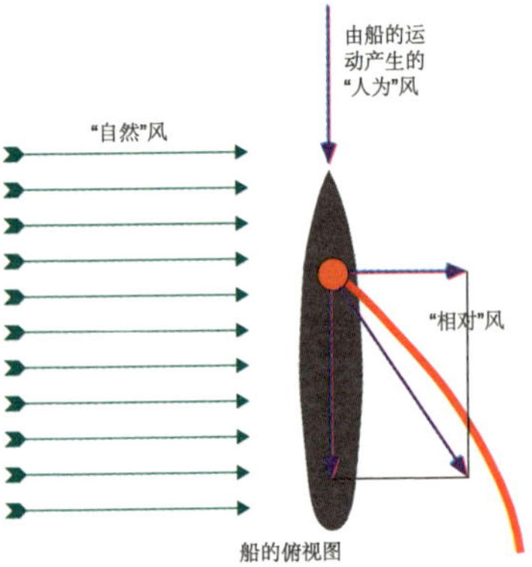

船的俯视图

880 只有4号船将向前航行，尽管它有点逆风航行。

力向量提供了一个使船能前进的分量。实际上，船行驶得越快，风力的作用也就越大。与直观感受相反的是，帆船的最大速度将在一个逆风的角度达到。船不能直接顶风行驶，所以要到达一个逆风的地点，船要“之”字形前进。这个方法叫“抢风行驶”。

881 盛茶的杯子里的牛奶和盛牛奶的杯子里的茶一样多。你可以从下面的图示中看到，杯中饮料的体积在混合后不变：从A杯倒到B杯的体积正好由从B杯倒到A杯的体积抵消。

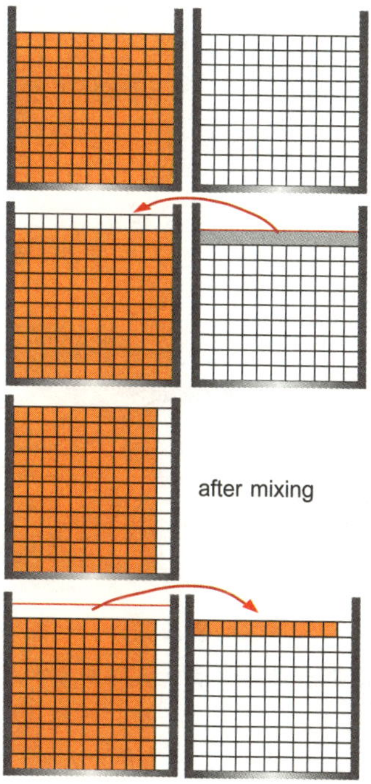

882 当你把手指伸进水后，你的手指占据了水的一部分体积，使水位升高。

你的手指并不只占据了水的体积，还占了那部分水的重量。这个杯子就因为这些被取代的水而更加重了。而取代水体积的物体的重量并不重要，它可以是一个气球或一只铅制圆柱。

883 只要船的周围有足够的水包围，它就会浮着。这和水的量没有关系，船身并不去管它是被一个大洋还只是一层水包围着。两者对船体产生的压强都是一样的。

船要浮起来，就要排出一定量的水。排出的水量体积刚好等于船体的吃水线以下的部分。

这个原理用在帕洛马山天文台。在那里，550吨的望远镜浮在薄薄的一层油上。

884 小瓶子会下落。

在封闭液体中，压强会向各个方向传递。当挤捏大瓶子时，增加了水压，小瓶子里的气泡被压后变小，因为更多的水流进了小瓶子，它会沉到更深的地方：那里压强更大。当松开手后，压强恢复成原来的状态，小瓶子也就会回到原来的位置。

885 往杯子里注水，直到水面高出杯子边缘一点点，形成突起的一层。然后把木塞放进去，木塞会停在水面的最高处，就是杯子中央。

886 大雨滴下落得更快。

雨滴的下落和两个方向相反的力相关：引力和空气阻力。空气阻力的大小和物体横截面成正比，并且随着速度增加而变大。一开始，空气阻力的影响很小，雨滴由于引力而不断加速下落。随着速度的增加，空气阻力也变大，直到阻力大到能抵消引力的作用，这时雨滴开始匀速下落。

雨滴所受引力和雨滴体积成正比，就是半径的立方。另一方面，阻力和雨滴的横截面成正比，就是半径的平方。随着雨滴半径的增加，引力的增加要比空气阻力的增加来得快。雨滴就能在空气阻力大到抵消引力作用时达到较大的速度。

887 水位保持不变。

冰排出的水的重量正好等于冰的重量。冰融化后变成水，填满原来冰排出的那部分体积。

这部分水结冰后增加的体积就是冰浮出水面的那部分。

888 瓶子颠倒后，纸会略微移动一点。这点移动导致瓶中空气体积的变化。根据玻意尔定律，体积的变化总是伴随压强的变化。很小的体积变化就能使压强减少到足以阻止瓶中的水倒出。

只有在瓶子里的水比较满的时候，瓶内空气体积发生变化才比较容易。

889 水流出的速度取决于出水口离水面多深。两个出水口的深度一样，所以水从两个出水口流出的速度也是一样的。

890 6厘米的出水口横截面积是那三个小出水口横截面积总和的三倍，所以排完水的速度也是其三倍。

891 水会向反方向流动。水流在狭窄处速度会加快，而在宽的地方变慢。那多出来的速度到哪里去了呢?水会向上坡流动使之平衡。水流从石块后面地势低的位置逆流而上，到达地势稍高一些的位置。

在流速快的河流中，这种逆流会在石块后形成危险的湍流。

892 我最近一次尝试时，往盛满水的杯子里滑进了52枚硬币，水才溢出。

水有很强的表面张力，这使得它仿佛有一层弹性表面。这层表面把水往内部拉，阻止其状态被破坏。水不仅能在溢出前在玻璃杯口形成一层突起，其表面张力还可以支撑起轻的物体。如果你把一片剃须刀片放在水面上，它就会“浮”着，不是因为受到浮力作用，而是水的表面张力托起它。

893 水喷出后落到桌子上的距离与水喷出时的速度和下落的时间的乘积有关。中间的孔喷出的水距离最大，因为其速度与深度的平方根成正比(由于水的压力)，而时间与出水口离桌面高度的平方根成正比。在中点时两者乘积最大。

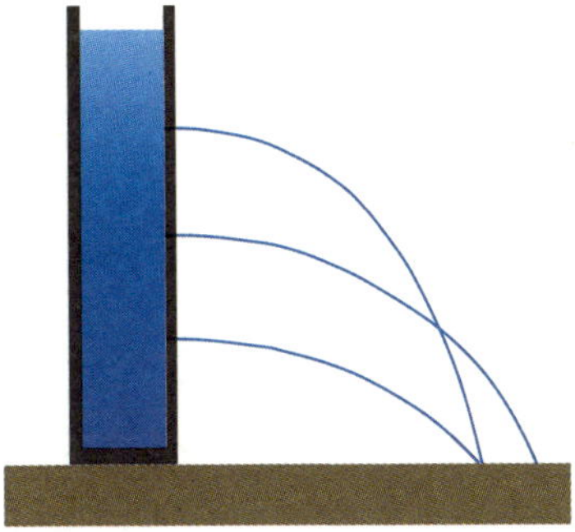

894 水流会沿着调羹的曲线流下，这就是柯恩达效应。

在微观领域，两分子接近时会产生静电作用力，使两个分子互相吸引。这叫作范德华力，也就是倒水时水会沿着杯壁流下来而不是直接往下落的原因。

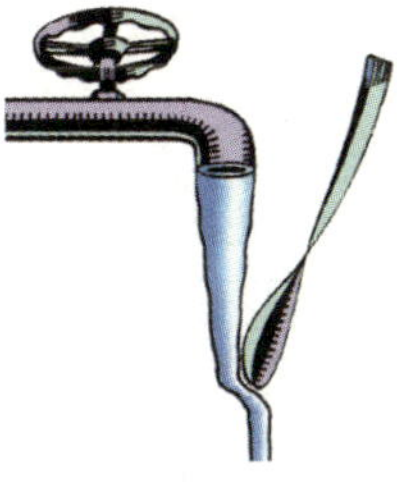

895 如果水流是连续的，那么流出的水的体积始终保持不变。每秒通过某一横截面的水的体积都是一样的，包括顶部和底部。但随着水的下落，速度会变快（因为引力产生加速度），所以水流的横截面会变小。

896 软管弯曲的部分比手里拿着的部分气压低。这个压强差导致空气在管中流动，空气的振动穿过管的皱壁。

897 当角A和角B一样大时，路径达到最短，如图所示(这和镜子反射的原理一致)。如果牛仔假设大篷车在河对岸等距离的位置，他就可以沿直线往那个方向走，以此来确定饮马点。

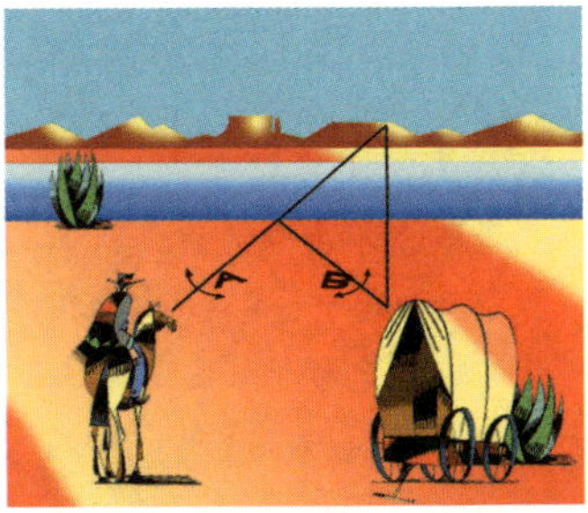

898 随着往缸注水，硬币可以渐渐地被看到。

光在不同的介质中以不同速度传播。它在水或玻璃中的传播速度比在空气中慢。当光穿过两种不同介质的界面时，它会改变方向。这种方向上的改变叫做折射，它看上去就像光在介质的交界处弯折了一样。

当硬币发出的光透过水面时，它会折射进入你的视野。但因为你的大脑不能感觉到这点，你就会看到硬币在比硬币实际位置高的地方。

899 放大作用会减小。

放大镜的放大作用取决于玻璃的曲率和光在空气与玻璃中传播的速度差。水和玻璃中的光速差没有空气和玻璃中的大，所以放大镜不能有效地放大图像。

900 因为太阳非常大，所以影子应该变小，但大小的差别肉眼看不出来。但是，如果太阳与影子表面成一个角度，比如在落山前一小时，那么影子就会变得很大。

从一个远处的物体射出的光线一般是平行光，但也并非完全如此。如果光源比物体大，影子（所在平面与光源垂直）就会变小。如果光源比物体小，影子就变大。但如果两者间的距离比较大，那其大小的区别就难以察觉。

901 角还是15度。角度并不随维度上尺寸的放大而改变。

902 无论你离镜子多远，只要镜子下边要在人身高的一半处。

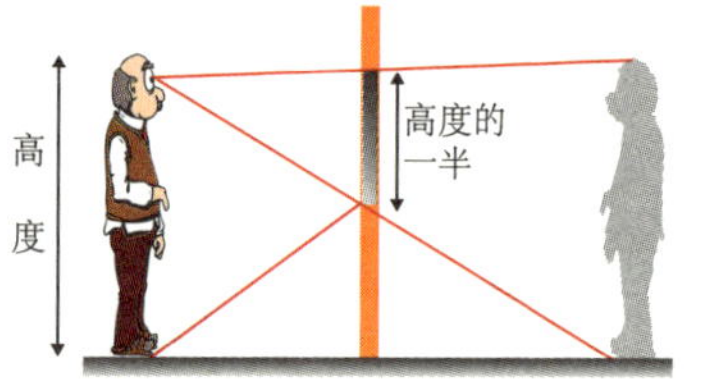

903 古希腊几何学家欧几里得也研究过光学。欧几里得发现光在空间中沿直线传播，并确立了基本的反射定律：

1. 入射光和反射光在同一平面内；
2. 入射角等于反射角（图中，角a=角b）；
3. 光走最短的路线。

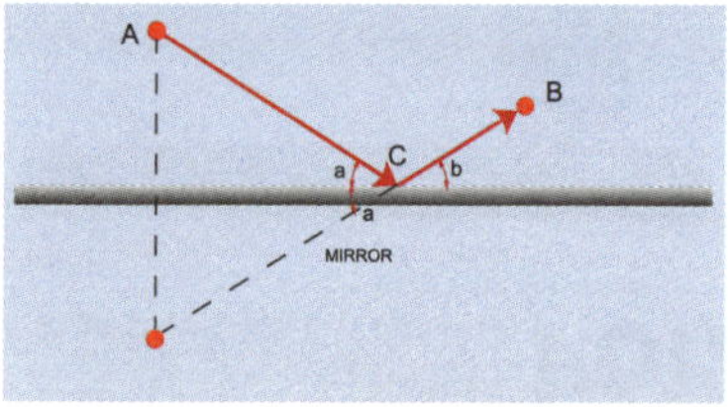

904 从右上顺时针：蜥蜴、斑马、鹦鹉、狮子、猴子、猎豹。

905 盛水的容器。-5℃时的水是冰。

906 其中一种解法。

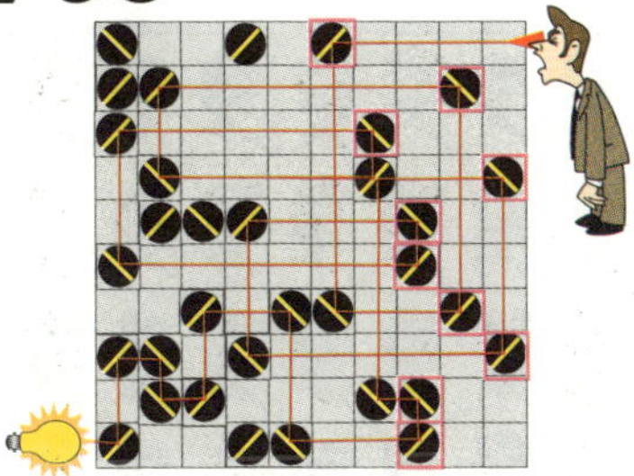

907 科学家和历史学家们都认为这个故事是不可能的。但几世纪来，有很多关注这个问题的人一心想证明其正确性。这些人称，阿基米德并没有用巨大的镜子，而是用一系列以某种方式排列好的小反射镜。叙拉古军队战士们的盾牌就可以派这用场。

可是就算阿基米德让他们列队并聚焦太阳光照射到罗马舰队的船上，那么这些船是怎么燃烧起来的呢？

1747年法国自然学家乔治用168面普通的长方形平面镜做了个实验。按一种方式把它们排列起来后，他点着了100米远的一张纸。叙拉古的港口没那么远，罗马舰队可能在离陆地20米以内。

1973年一位希腊工程师做了同样的实验，用了70面镜子把太阳光聚焦到离岸80米远处小船上。镜子排好后，没过几秒钟船就烧着了。这些镜子略微有些凹，阿基米德也完全有可能做出这样的镜子。

908 三米。

手镜中的花离镜面的距离和实际的花离镜面的距离一样，都是0.5米，这使花距离大镜子镜面0.5+0.5+2=3米，所以这也就是大镜子里的花离镜面的距离。

909 把图倒过来看。这样就能很容易看到缺失的立方体了。

SCORE BOX

Missing Cubes	1	2	3	4	5
Cubes colored on three sides	1	1	1	1	1
Cubes colored on two sides	6	3	6	6	10
Cubes colored on one side	12	3	12	12	19
Cubes not colored	7	0	1	0	6
TOTALS	26	7	20	19	36

910 1. 内凹；2. 外凸；3. 歪斜；4. 弯曲。

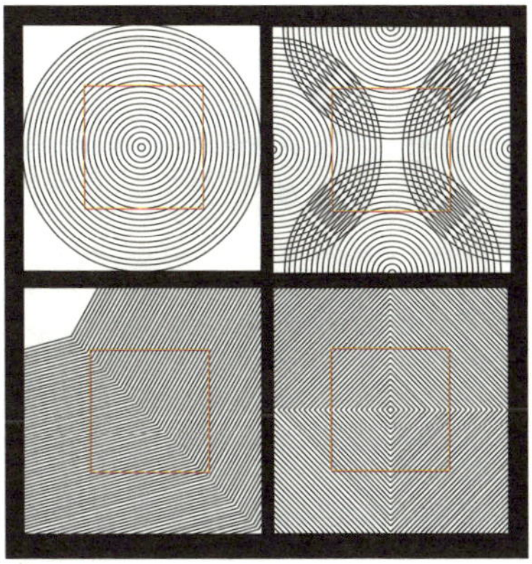

911 点，9号；箭头，7号；半圆，5号。

912 你闭上右眼，然后左眼盯着纸上的红点看。在一个特定的距离，蝴蝶会消失，而直线会连到一起。

913 盯着红色的鸟看一分钟，然后看鸟笼中央。你将在笼子里看到一个视觉余像——一只绿色的鸟。

914 盯着黑色的骑士看一会儿，然后看右边灰色的区域。你会看到反色的余像——白色骑士骑在黑马上。

915 就是你盯着看的那个。粗略地看这幅图时，你会在交叉处看到由许多因为错觉产生的灰点。一旦当你想仔细看灰点时，一个新的视像就会进入你视野的中央，抹去原来的余像效果——灰点。

916 蓝色盖子和红色恐怖箱匹配，红色盖子和蓝色恐怖箱匹配。

917 当你把本页倾斜到一个相当大的角度看时，就会看到第三条，甚至更多的直线。这种错觉会在两条或一组直线以很小的角度相交时产生。

918 以一定距离斜视这幅图。

919

920 一名宫殿卫士。把图离你远一些，斜着看。

921 5号线指向坦克。

922 把图颠倒过来，就能看到这块蛋糕了。

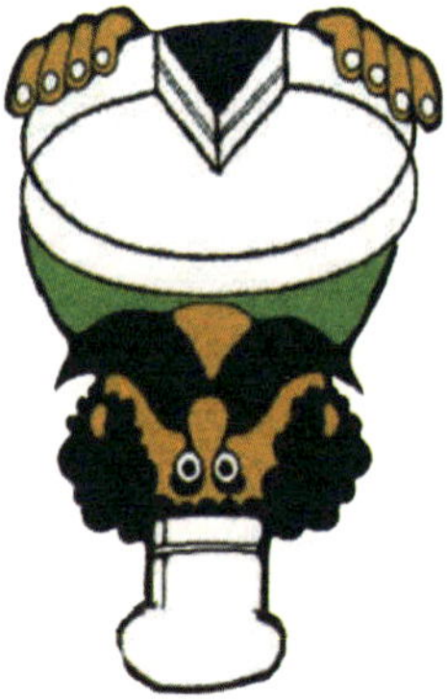

923 在4～5英尺远斜视这幅图，就能看到著名的蒙娜丽莎的微笑。

924 出现两次的是1-8、4-10和7-5；出现三次的是2-3-9；出现一次的是6。

925 下边的单词中心对称。对于这种图案，左右翻转和旋转180度的图案相同。因为图案上有可读的单词，所以旋转的效果比左右翻转更容易被观察到。

926 这只苍蝇可能停在三处：

1．在盒子外面对着有网格的那一面上。

2．在盒子里面，停在盒子底。

3．在盒子里面，有网格的那一面上。

927 只要把图颠倒过来就行了。

928 大楼1—图纸11（俯视）。
大楼2—图纸9（俯视）。
大楼3—图纸13（俯视）。
大楼4—图纸5（俯视）。
大楼5—图纸7（俯视）。
大楼6—图纸16（正视）。
大楼7—图纸8（正视）。
大楼8—图纸15（正视）。

929 下图的设计只需要12个插口。

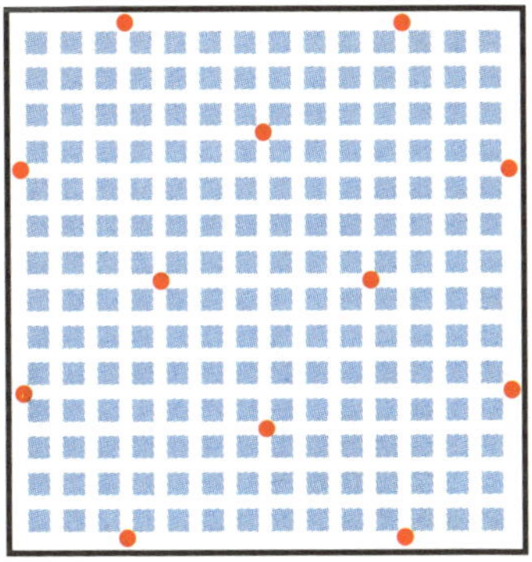

930 交点数最少的情况：2条、2条、5条排列（24个交点）。

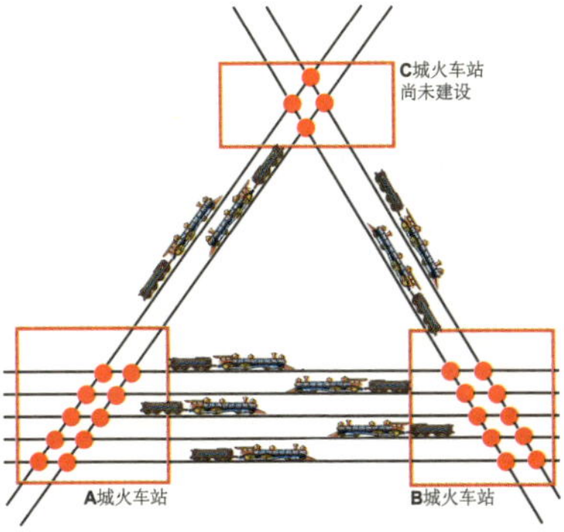

931

932

MOVING TRIANGLE 3

933

直接观察三维情况解决这个问题有一定困难，有一些边和角总会被遮住。可以建立一个拓扑等价的二维图以解决这个问题。

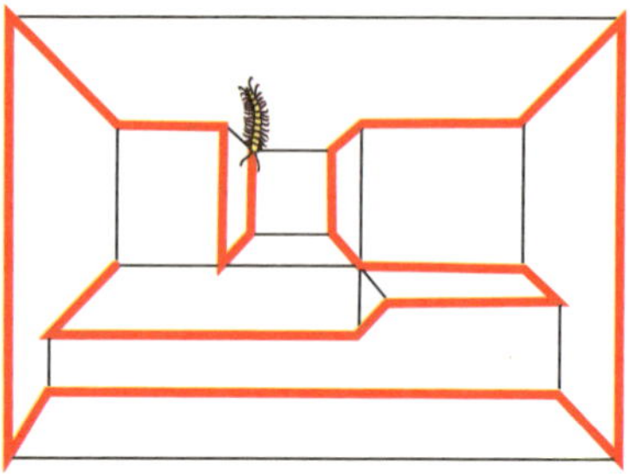

934

用直尺和圆规可以把圆分割成任意个面积相等的部分。只要把直径等分成所需要分割的数目，然后依次画半圆就可以了，如图所示。

中国古代的数学家早就知道了这种方法，阴阳八卦图就是一例。

935

936

这是迄今为止最好的答案。

937

938

其中一种答案。

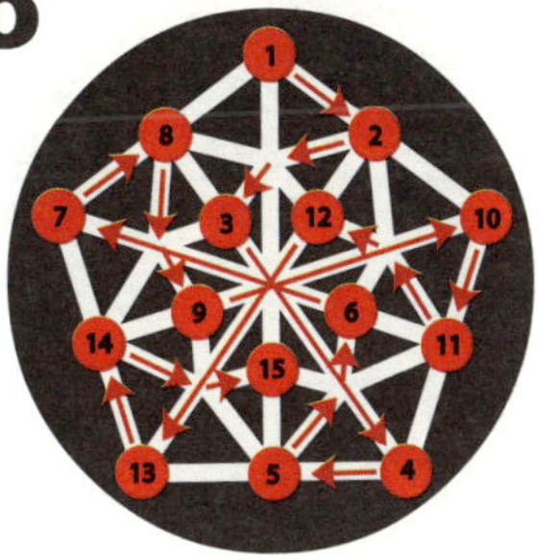

939

重叠的部分既不包括在红色的部分中，也不包括在蓝色的部分中。一个简单的比较红色和蓝色部分的面积的方法是算出所有小图形的面积和，再与大的图形比较。

圆（πr^2）：红色和蓝色的部分面积相等。

正方形（a^2）：蓝色的部分面积大。

三角形($a^2/4\sqrt{3}$)：红色的部分面积大。

940

考虑极限情况（五根红色电缆、五根黄色电缆、五根绿色电缆和一根蓝色电缆），需要抓16根电缆。

941

最多可以分成19个部分。

942

210种。7匹马中，无论哪匹马跑第一，第二总在剩下的6匹马中产生，有42种组合，第三总在剩下的5匹马中产生。这意味着共有7×6×5种可能。

943

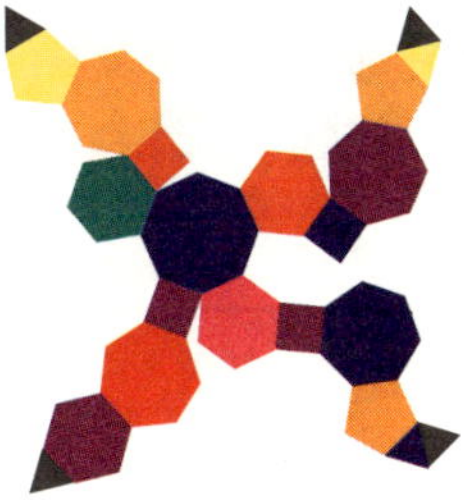

944

3个字母的全部排列共有26×25×24=15600种。这意味着概率为0.0064%。

945

红色部分面积是原三角形的2/3。

946

最多可能有10个男孩，最少1个。

947

可以通过简单的乘法得到答案：26×10×10×10×26×26×26，即456976000种。

948

有15种不同组合。如果用A、B、C、D、E、F代表狗，那么可能的组合有AB、AC、AD、AE、AF、BC、BD、BE、BF、CD、CE、CF、DE、DF和EF。

949

从1-9这些数字中选三个和为15的组合。

950

2	3	13	16	3	2	14	15
5	8	10	11	4	9	10	11
11	10	9	4	13	16	1	2
16	13	4	1	14	7	9	6
4	5	10	13	5	8	10	11
3	6	11	16	2	14	8	10
12	10	9	3	11	5	3	15
15	13	4	2	16	12	5	1

951

需要4种颜色。

952

8个。

953

954

圆的颜色与和该圆相接的圆的数量有关。

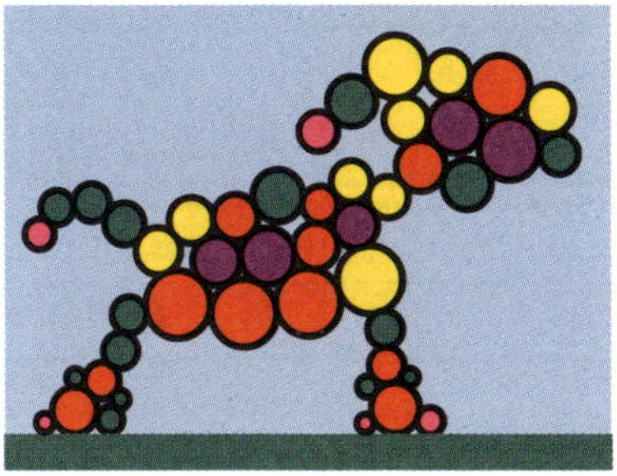

955

需要3种颜色，如图。

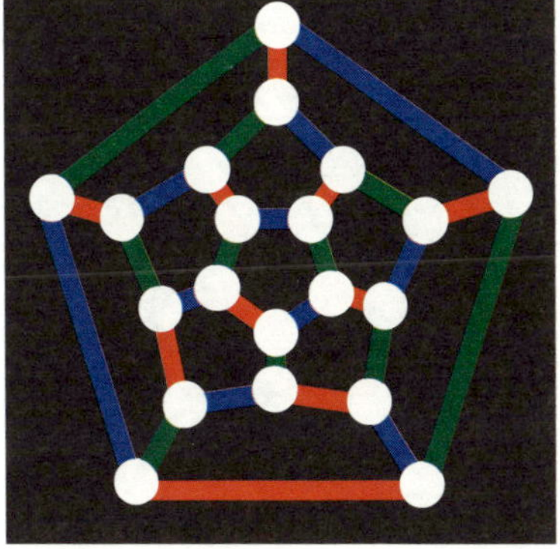

956

957

39种。机器人身前每一位都可以显示1、2、3中的一个或者空白。这意味着它可以显示3个一位数：1、2、3；

9个不同的两位数：11、12、13、21、22、23、31、32、33；

以及27个不同的三位数：111、112、113、121、122、123、131、132、133、211、212、213、221、222、223、231、232、233、311、312、313、321、322、323、331、332、333。总共39个数字。

$3+3^2+3^3=39$。

958

根据毕达哥拉斯定理，其面积恰好相等。相连的两个1/4圆半径正好垂直，与其面积相等的1/4圆的半径正好是直角三角形的斜边。

959

如图，把4只水果放到4个盘子上，有15种放法。

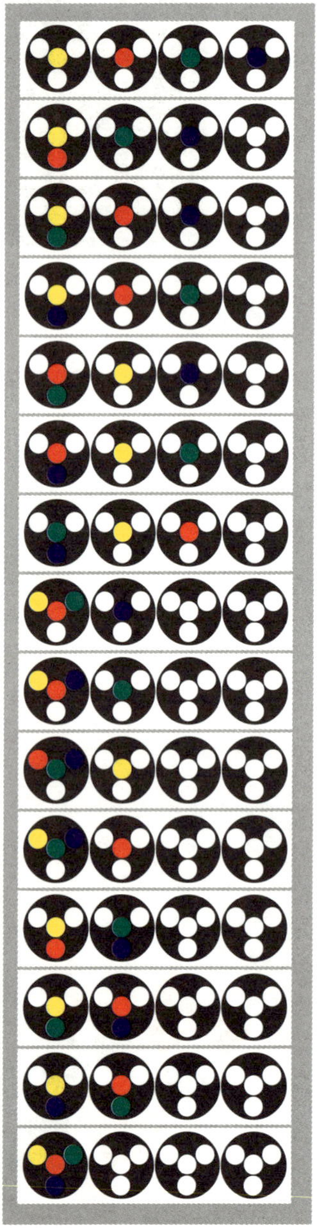

960

961

表中列出了每月新生兔子的对数，从一月开始计算。一年后总共有376对。

Jan	Feb	Mar	Apr	May	Jun
1	2	1	3	5	8

Jul	Aug	Sep	Oct	Nov	Dec
13	21	34	55	89	144

962

963

964

就如你在第一幅图中看到的那样，无论玩家1把5放在哪里，玩家2填上6后他就能获胜。

COLUMN 1	COLUMN 2
1	3
2	4
5	6

COLUMN 1	COLUMN 2
1	3
2	4
6	5

在第二幅图中你可以看到，不可能放入数字9。

COLUMN 1	COLUMN 2
1	3
2	5
4	6
8	7

965

966

士兵总数加上将军得到的数字必须是一个完全平方数。11的整数倍加1得到的最小的完全平方数是100，即9×11+1。

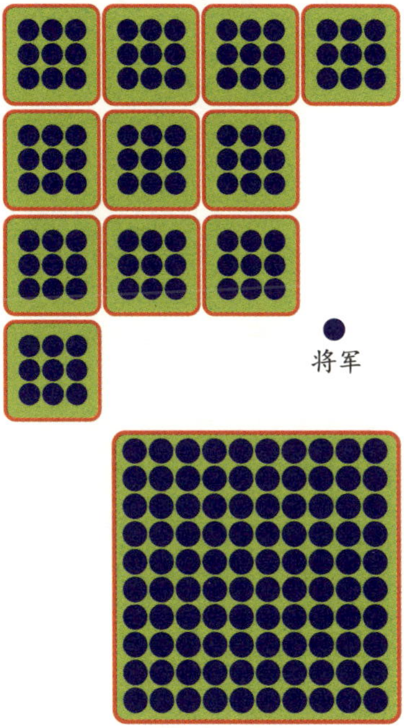

967

冰雹数列到现在为止还没有一个一般性的答案，但是从1到26这些数字都很快地陷入此循环。如果从7开始，会得到：7、22、11、34、17、52、26、13、40、20、10、5、16、8、4、2、1、4…

数字27的变化则有些奇特：在第77步时它是9232，然后才开始减少，在第111步时开始1-4-2-1-4-2的循环。从1到1兆的数字都被测试过，最后它们都呈现如此循环。

968 第一次产生的黄色正方形的面积是整个蓝色正方形面积的1/9。第二次产生的8个黄色正方形面积各是分割后的小蓝色正方形面积的1/9。第三次产生64个黄色正方形，每一个的面积都是最初蓝色正方形面积的$(1/9)^3$。于是得：

$1\times1/9+8\times(1/9)^2+82\times(1/9)^3+83\times(1/9)^4+\cdots$

如果你算到第25次产生的情况，你会发现黄色正方形的面积占整个大正方形面积的95%左右。显然最后黄色的面积将无限接近全部面积的100%。

969 不能。

从最上层开始数，第n层的木板可以悬空的长度是其长度的1/2n。由此产生的序列是1/2、1/4、1/6、1/8、1/10、1/12、1/14、1/16；相应的悬空长度为0.500、0.250、0.167、0.125、0.100、0.083、0.071和0.062。于是可得总长1.358米，够不到奶酪。

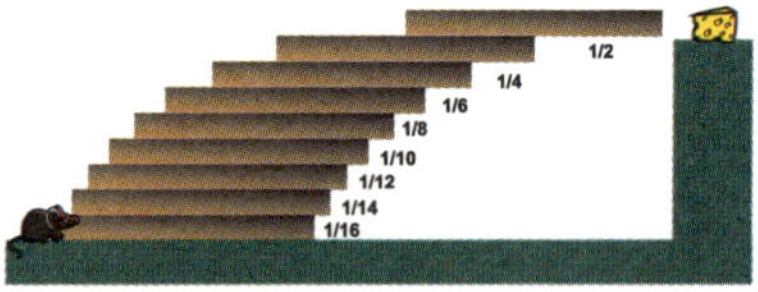

970 答案很简单，只要问“你结婚了吗”。

无论是谁回答问题，回答“是”意味着阿米丽雅结婚了而蕾拉没有结婚，而“不是”则意味着蕾拉结婚了而阿米丽雅没有结婚。

971 你只要把客人移到号码是其现在居住的房间号码的两倍的房间里就行了。1号房里住的客人移到2号房，2号房里的客人到4号房，3号房里的客人到6号房，依次类推。最后，所有奇数号的房间都空了出来，就能安置所有新来的客人了。

972 可以问他：“到你的城市走哪条路？”

如果他来自真话城，那他就会往那里指；如果他来自假话城，那他也会指向真话城。

973

974

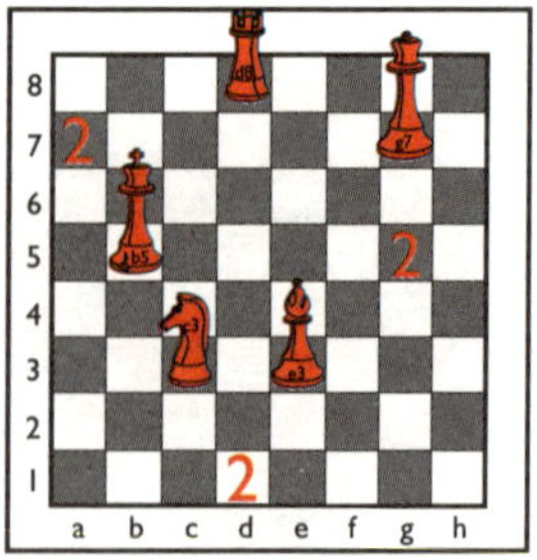

975 你可以问“我在A城市吗”，然后再问“我在A城市吗”。

说真话的人会回答两个“是”，说假话的人会回答两个“不是”，既说真话又说假话的人会回答一个“是”和一个“不是”。

976 组成40点的可能组合只有15+14+11或者15+13+12（但13是不可能出现的），所以三个骰子点数和只能是15、14和11，如图所示。

977 这是个经典的游戏，共有6个f。“of”中的“f”往往容易被忽略。

978 虽然每次硬币落下后正面朝上和反面朝上的概率相等，但先掷者肯定有优势，无论最后要掷多少次。每轮先掷者获胜的概率是：

$$1/2+(1/2)^3+(1/2)^5+(1/2)^7+\cdots$$

这是一个无穷级数，其和为2/3。因此，先掷者获胜的概率几乎是后掷者的两倍。如果你对此表示怀疑，可以进行一系列比赛，然后看看谁获胜的次数多。

979 只要把每只球恰好落入一个盒子的概率乘起来：

$$4/4\times3/4\times2/4\times1/4=6/64=0.09$$

这意味着4只球恰好落入4个不同盒子的概率连1/10都不到。

980 最佳选择是第一个转盘。对第三个转盘，它有51%的胜面，因为其上的数字3能胜过数字1。第二个盘上数字的平均值有3.33，但第一个盘上的3能胜过第二个盘上的2，就是说，有56%的胜面。

981

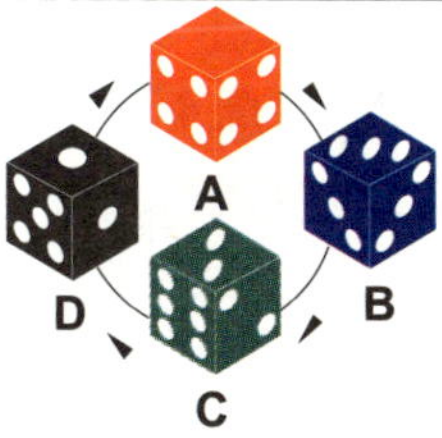

掷两个骰子共会出现36种情况。下表列出了用骰子C和骰子D对决的各种可能：24种情况下C获胜，D获胜的情况只有12种。对于D对A、A对B、B对C，也有相似的结果。无论你的对手选了哪个骰子，你选它左边的一个骰子（对于骰子A则选择骰子D）就会有2/3的胜率。

（图注：Dia C wins：骰子C赢、Dia C loses：骰子C输。）

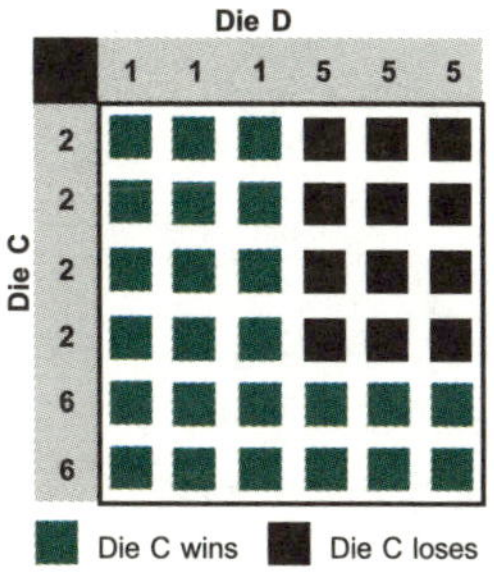

982

结果是两根带子，一根顺时针扭曲，一根逆时针扭曲。

983

你将得到普通的正方形环：两条横边，两条竖边，没有扭曲。

984

它由两根分开的纸带组成，可以把它们拉开。

985

987

图中列出了所有可能的三角形，从点1开始。可见，在21个三角形中，18个是直角三角形，意味着概率是6/7。

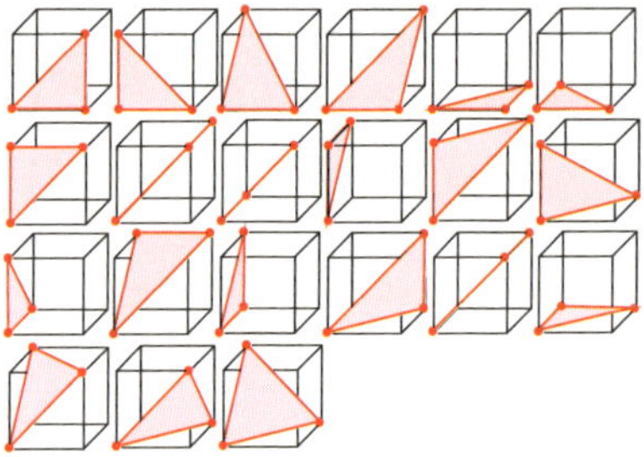

988

最短的路径构成树，任意两条线段的交角都是120度。对于更多的点，则很难确定最短路径。

这是5个城市的答案。

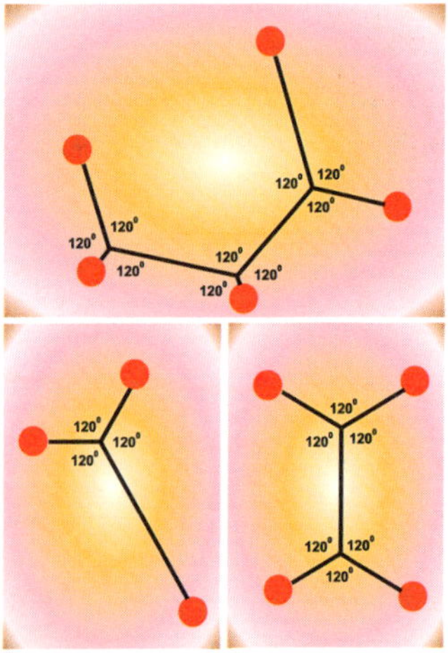

989

双圆锥看上去是在往上滚，实际上该过程中其质心在下降。尽管我们觉得它在往上爬，其实它是在往下滚落。

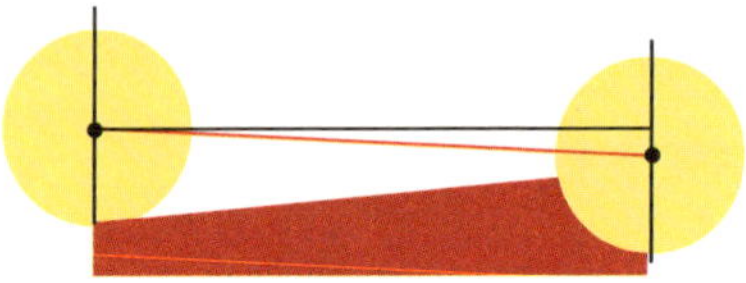

990 如果物体放在天平的一端而砝码在另一端，那么你需要重量为1、2、4、8、16和32克的砝码。但如果两端都可以放砝码，那么最少只需要1、3、9和27克的砝码。

991 水位将如图所示。水流速最快的地方水压最小，即把水往上推的力最小。水在最窄的管子里流得最快。

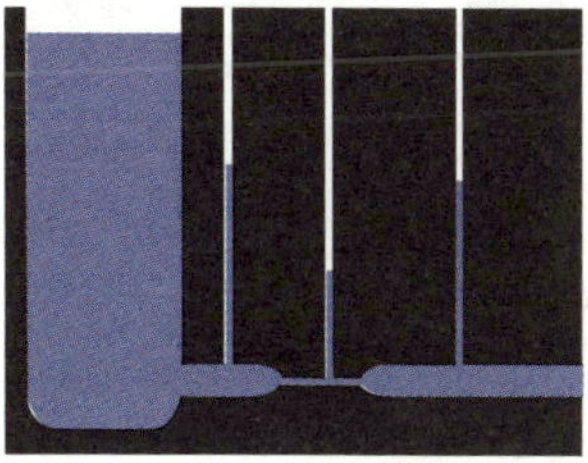

992 最少分成5块。实际上，毕达哥拉斯定理不仅对六边形成立，对任何同种几何图形都成立。

993

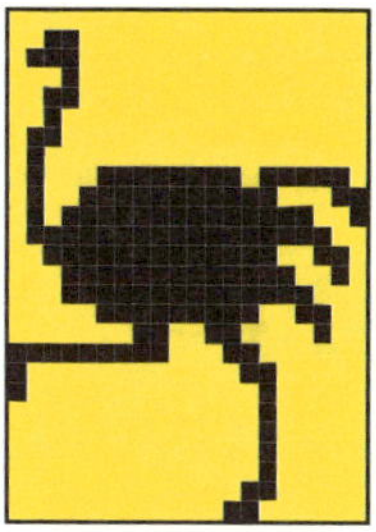

994

995 7只鸟共能组成21对。你可以借助下列分析求得它们的觅食顺序。

第一天：1、2、3，成对的有1-2、1-3、2-3；

第二天：1、4、5，成对的有1-4、1-5、4-5；

第三天：1、6、7，成对的有1-6、1-7、6-7；

第四天：2、4、6，成对的有2-4、2-6、4-6；

第五天：2、5、7，成对的有2-5、2-7、5-7；

第六天：3、4、7，成对的有3-4、3-7、4-7；

第七天：3、5、6，成对的有3-5、3-6、5-6。

996 在连通器中，水位应该是一样的。压强与管子的形状无关，只与水面的高度有关。

997 第十一个正方形边长为32个单位。每生成两个正方形，其边长增加一倍。

998 概率小于2%。

6/6×5/6×4/6×3/6×2/6×1/6=0.015，即1.5%。

999（图注：Move 1-13：第1-13步）

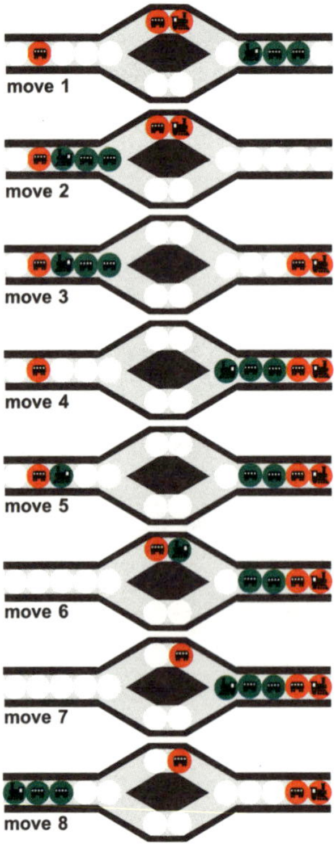

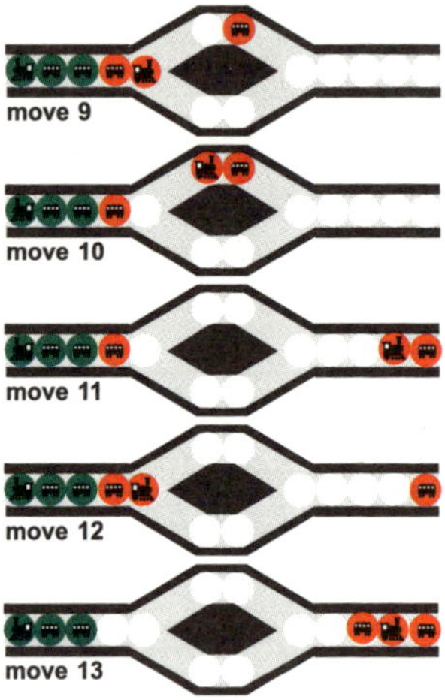

1000 三个数乘积为36，共有以下几种情况。

儿子1	儿子2	儿子3	积	和
1	1	36	36	38
1	2	18	36	21
1	3	12	36	16
1	4	9	36	14
1	6	6	36	13
2	2	9	36	13
2	3	6	36	11
3	3	4	36	0

因为知道了其年龄和之后，伊凡不能推出这三个数，说明不止一种情况，所以他们相遇的这天应该是13号。新的信息指出有一个最小的儿子，排除了一个9岁和两个2岁这种可能，因为只有一个孩子是最小的。

所以答案是1岁、6岁和6岁。